上海大学价值与社会研究中心
中国辩证唯物主义研究会价值论研究专业委员会　编

孙伟平　陈新汉 —— 主编

价值论研究

2023年
第2辑

价值论研究

RESEARCH ON AXIOLOGY

2023年

第2辑

上海大学价值与社会研究中心
中国辩证唯物主义研究会价值论研究专业委员会　**编**

目 录 | CONTENTS

名家访谈

我国价值论研究主要著作巡礼

专题笔谈　学术评价和社会评价

社会主义核心价值观研究

价值论基础理论研究

评价论研究

文化与价值研究

价值实践问题研究

CONTENTS

Celebrity Interview

A Tour of the Major Works on Axiology Research in China

Thematic Conversation by Writing: Academic Evaluation and Social Evaluation

Research on Core Socialist Values

Research on Basic Theory of Value

Research on Evaluation Theory

Research on Culture and Value

Research on Value Practice

名家访谈

Celebrity Interview

从实践哲学看价值哲学
——阎孟伟教授访谈录

【阎孟伟教授简介】阎孟伟，南开大学哲学院教授，博士生导师。历任南开大学哲学院（系）副主任、主任，现任南开大学当代中国问题研究院常务副院长。2003—2009 年受聘加拿大萨斯喀彻温大学客座教授。主要研究方向是马克思主义哲学基础理论、价值哲学和历史哲学。著有《社会有机体的性质、结构与动态》《辩证的历史决定论》《在马克思实践哲学的视野中》《当代社会发展的理论与现实》《诚信中国》等专著，主编《汉译现代西方学术名著导读·政治哲学卷》(10 卷)，主编教材和学术文集等十余部。

陈新汉（以下简称陈）：近些年来，我关注到你在价值哲学研究方面产生了一些比较重要的成果。我很想知道，你是从什么时候开始介入价值哲学研究的？又是怎样介入价值哲学研究的？

阎孟伟（以下简称阎）：就价值哲学研究本身来说，我最多是一个后知后觉者。直到现在，我对价值哲学理论问题的研究和了解依然远不如开创我国价值哲学研究的前辈和一大批置身于这个研究领域的青年才俊深透、全面。说起来，对于“价值”“价值论”之类的概念，我知道得倒也不算太晚。1980 年杜汝楫先生在《学术月刊》上发表了《马克思主义论事实的认识和价值的认识及其联系》一文，印象中，这是我国学界改革开放后第一篇关于“事实与价值”及其关系的文章。那时，我还在哲学系读本科，我班同学还就这篇文章展开了一些讨论，但终因缺乏这方面理论的知识储备，再加之当时对“实践标准”讨论带来的有关哲学原理诸多问题更感兴趣，事实与价值的问题在我当时极不成熟的学术眼界里就不了了之了。后来又看到了刘奔、李连科在《光明日报》上发表的《略论真理观和价值观的统一》(1982)，但也是由于同样的原因没有引起自己足够的兴趣。1985年，李连科出版了《世界的意义——价值论》，这本书在当时的青年学者中产生了较大的震动。尽管价值论在那段时间还没有成为学术热点，但这本书还是给我们提供了一个新的学术视角。当时我恰好在北大哲学系就读助教进修班，身边不少同学对“世界的意义”这个在以往哲学教科书中从未谈到过的话题产生了浓厚的兴趣。我也是其中的一个。我们认真阅读了这本书，对价值论的一些基本问题有了初步的印象，这对我后来进入价值哲学的研究做了很好的铺垫。

真正开始比较有深度地思考价值哲学问题，是我在20世纪90年代初写博士论文期间。我的博士论文的主题是关于马克思的社会有机体理论，其中有一章是阐述社会与文化的关系。在这一章中，我从社会文化的实质和形态两个方面界定社会文化概念。我认为，社会文化可以有遍及社会生活各个领域各个方面的多种存在形态，但其实质是内在于人的实践活动的过程与结果中，并在人们的交往实践中被社会化、普遍化的人类精神。从这个观点出发，一个重要理论问题就是要论证和阐明文化价值观是全部社会文化的核心。为了深入探讨这个问题，我找到了李德顺教授于1987年出版的《价值论——一种主体性的研究》，这本书被公认为我国价值哲学研究水平最高、理论内容最为系统的学术专著。在这本书中，德顺教授严谨缜密的分析和论证，不仅使我获得了有关价值、价值关系、价值观念、价值评价等一系列问题的系统理解，而且使我对价值哲学在马克思主义哲学中的地位有了新的认识。可以说，我就是在李德顺教授这本书的引导下，逐步进入价值哲学研究的。

陈：在那个时候，你对价值哲学是否已经形成了一些学术见解，这些见解是否促使你真正进入到价值哲学的研究中？

阎：谈不上有什么学术见解，只能说有了一些更深入的体会。德顺教授是从实践唯物主义的基本视角出发来考察价值哲学本身所包含的基本理论问题的，而这个角度恰恰是理解价值观念何以是社会文化的核心的根本出发点。如果说“全部社会生活在本质上是实践的”，那就可以从社会实践本身所具有的客观物质性和主观能动性合乎逻辑地推导出社会生活本质上既具有客观性和规律性，又具有不同于自然万物的精神特质或文化属性，这种文化属性最根本的就是文化价值观，如果说，社会发展的客观性和规律性主要体现为社会发展的客观条件和客观机制，那么社会文化价值观则是社会进步的灵魂，体现出人的存在的自为性。基于这一点，我在博士论文中提出了四个方面的看法。

首先，受价值观念的引导，人们在实践活动中总是按照自己的目的来改变客观世界，因而人们的实践活动本质上是自主的。当然，这种自主性并非摆脱客观过程的规律而独立，人的目的只有在符合客观规律时才能实现，但人的活动是否有目的与人的目的是否符合客观规律是两个不同的问题。客观规律总是不断地修正、改变人们的目的，但不会取消人们的目的，也不会绕过人的目的去直接支配人的活动。因此，直接决定人的实践活动的性质和动向的并不是客观规律本身，而是人为自身活动所设定的价值目标，人类实践活动无论成功与否都受自身目的的支配。正如马克思说的那样，人的实践活动的目的是“作为规律决定着他的活动的方式和方法的”[①]。

其次，受价值观念的引导，人类实践活动本质上又是自由的。所谓自由，也不是说人类实践活动可以免受客观规律、客观必然性的制约，而是说，一旦人们把握了客观规律和客观必然性，就可以利用它们来实现自己的目的。在这种情况下，客观规律和客观必然性不再是一种迫使人们服从它的外在的强制力量，而是作为手段和条件服从于人们的内在实践目的。因此，尽管自然规律没有也不会在人的实践活动中失去它的客观必然性，但人们却可以通过自身的实践活动引起自然界本身的运动所不能发生的变化。在实践活动中，价值观念引导实践主体确定自己的行为取向；在实践的结果中，价值观念赋予实践结果一定的意义。社会文化的各种存在形态正是由于普遍地包含着这种价值内涵而构成了一个意义世界。

再次，从社会发展的机制上看，由于人们的感性活动必然是在一定的文化价值观引导下的有意义的活动，因而无论是人类实践活动所创造出来的物质的和精神的成果，还是在人类实践活动中所形成的社会组织、社会制度等都可以被称为有别于“自然”的“文化”。正是由于这一点，人类社会的发展才最终脱离了

① 《马克思恩格斯文集》第5卷，人民出版社2009年，第208页。

生物进化的轨道，而走上了文化进化的路途。所谓“文化进化”，主要是指在人们漫长的共同生活的演化过程中，人与人之间最基本的交往活动及交往方式通过“主观化环节”而被形式化，也就是在人们的观念交往中，借助人们自身的语言意识而创造出一整套言语的或象征的语义符号系统，由此形成引导、约束人社会行为和调节人与人之间关系的各种社会规范，如习俗、习惯、道德、法律等规范和制度。这样，人类不再需要像动物那样通过生理属性、体质特征的改变，偶然的基因突变和漫长的进化过程来适应自身的生存环境，而是通过各种文化规范的建立、调整、更新，也就是通过社会制度的改革或社会革命，来改变人们的生存方式以适应复杂多变的生存环境。这就使人类适应外部环境的能力不同于任何其他生命物质。

最后，从社会进步的动态过程上看，人类社会本身是一个由多种因素、多种过程所构成的有机系统，充满了极为复杂的、可以导致多种演化结果的非线性相互作用关系，因此社会系统本身所蕴含的客观机制和客观规律并不决定社会的演化过程必然朝向哪个方向，而只是决定了有多种演化的可能性所构成的空间。在这一可能性的空间中，哪种可能性能够变成现实，恰恰取决于社会历史主体所做出的价值选择以及为这一价值选择所付出的努力。世界上许多物质生产发展水平大致相同的民族或国家之所以在各自的发展过程中产生出各具特色、丰富多样的社会生活模式，在很大程度上就是取决于这些民族或国家历史形成的文化精神，取决于价值选择上的文化差异。当然，我们不否认，人类社会发展的总体历史过程有着共同的、必然的趋势。但这种共同的、必然的趋势不仅在于各个民族或国家的社会发展过程中存在着共同的基本规律，同时也在于存在着由社会生活实践的一般本质所决定的最基本的文化价值取向。这就是作为人的实践活动的一般品质的人的自主性和自由性。人们不断地提高自己的生产力并在此基础上改造社会的经济、政治和思想文化关系，归根到底是为了打破束缚人自主自由活动的自然障碍和社会障碍。因而我们可以看到，尽管不同的民族国家在发展道路上和社会模式上各有其特殊性，但社会发展的历史进程总是朝着人的自主性和自由性不断提高和深化的方向挺进。这同时也说明，离开了历史主体的价值选择，就无从理解社会发展的历史趋势。

陈：这四个方面的见解即便在今天看来，也还是很有学术意义的。这些观点是不是为你后来涉及价值哲学方面问题的研究提供了契机和思路？

阎：的确如此，上述观点是我在写作博士论文期间形成的一些对价值哲学的不成熟的认识，但这些认识足以使我确信马克思主义实践哲学与马克思主义价值哲学的密切关系，价值哲学不可能离开实践哲学而独立存在，同样，实践哲学也只有在价值哲学中才能完成自身的理论建构。这个看法奠定了我之后研究价值哲学的基本思路，也就是从实践哲学和价值哲学的关系出发研究价值哲学，把价值哲学理解为实践哲学的自我完成。

陈：你是怎样看待实践哲学与价值哲学的关系的？换句话说，你为什么要把价值哲学理解为实践哲学的自我完成？

阎：这应当从我对实践哲学的理解谈起。说到实践哲学，大家都知道，这个概念和理论最初来自古希腊哲学家亚里士多德。亚里士多德把实践的活动理解为关于人类事务的善的活动，或者说，是以可实践的善为目的的一种德性的实践活动，最基本的内容就是道德实践和政治实践，前者体现个人的人格修养和道德操守，后者则谋求最大的善（共同的善、城邦的善），二者的本质特征在于它们都是以活动自身为目的的活动，也就是说，这种活动的意义就在于它自身，因而它也是一种无条件的、自足的、自由的活动。实践活动的这个特征使它与创制活动不同。创制活动是一种依靠理智的技术性活动，其目的外在于活动本身，大致相当于满足某种需要的生产性活动，其意义是由活动之外的他物来决定，并且由于创制活动是与物相接触，受物的制约，因而是有条件的、不自由的。基于这个理解，亚里士多德拒绝把创制活动纳入到实践概念中来理解。亚里士多德对实践活动的理解对后世的影响十分深远，大致规定了马克思哲学之前西方传统实践哲学的基本走向，除了少数重视科学实验的经验论哲学家，如培根、狄德罗，把科学实验纳入到实践概念中去理解外，几乎所有哲学家，特别是那些理性主义哲学家，但凡谈到实践活动或实践哲学，主要就是指伦理学和政治哲学。

马克思实践哲学的产生使人们对实践哲学的理解发生了革命性变化。马克思以人的“感性活动”为立足点，重新界定实践概念，把亚里士多德竭力排斥的并被后世哲学家普遍忽视的生产性创制活动即物质生产活动纳入实践概念之中，并强调物质生产活动是人类社会及其历史发展的基础，由此确认“全部社会生活在本质上是实践的”[①]。需要注意的是，马克思对实践哲学的理解不仅仅是因为他把生产活动纳入到实践概念中，而在于他从人的生命活动的意义上发现人的生产劳动是一种“自由的有意识的活动”[②]，确认劳动是人的自由本质，这就使生产性的创制活动在马克思那里也成为以自身为目的的活动，并且确认自由就是人的实践活动自身的无条件的内在价值，其意义远远高于生产活动的外在目的。

把自由界定为实践哲学的本质性规定，也就是为实践哲学确立了一个无条件的、永恒的、具有绝对性意义的价值定位，即对人类实践活动及其历史的考察必须以人的自由本质为基本前提和出发点。这是欧洲启蒙运动历史遗产的延续，是对从康德到黑格尔历史哲学和政治哲学思想传统的批判性承接。因此，近代哲学的发展，可以说，就是一步一步地解除各种神秘力量的权威性，而把目光逐渐指向我们自身以自由为前提的理性能力，这就是康德以来德国哲学所做出的重大历史贡献，即把自由设定为实践哲学的不可动摇的绝对前提，用以为人类行为奠定普遍法则。马克思用人的生命活动来界定人的自由本质，这实际上就是把这个绝对前提从唯心主义的羽翼下彻底地解放出来，并把人的自由本质理解为随着人的生命活动即劳动的历史发展而不断深化和扩展的现实化过程。这就使我们能够一方面把“人是自由的存在物”作为价值判断的前提预设，进而凭借我们自己的理性能力去推导和论证实践活动本身所应遵循的具有普遍性、必然性的价值准则；另一方面又可以从人的自由本质的现实化过程中，亦即从人们现实的物质生产活动的历史发展过程中，以经验的、实证的方式考察和揭示人的自由本质在人类社会发展的不同阶段上所具有的具体的历史内涵和时代性特征。这个过程的伟大之处，就在于马克思把人的自由建基在人的感性活动的基础上，也就是把感性的物质生产活动引入实践哲学的理论思维中，使实践哲学既具有永恒的价值维度，又具有实证性的现实经验维度。这样看来，我们今天马克思的实践哲学最要紧的就

① 《马克思恩格斯文集》第1卷，人民出版社2009年，第501页。

② 《马克思恩格斯文集》第1卷，人民出版社2009年，第162页。

是要弄清这两个维度以及它们之间的关系。

陈：把人的自由本质确立为实践哲学无条件的、永恒的、具有绝对性意义的价值定位，这个看法恐怕会有一定的争议。比如法国学者阿尔都塞就认为，马克思早年关于人的自由本质的理解属于费尔巴哈为代表的意识形态问题框架，1845年以后，马克思就否定了这个问题框架，从而发生了马克思主义与人道主义的断裂。国内学界也有不少学者把马克思关于人的本质的理解归属于费尔巴哈的遗产，创立历史唯物主义之后就抛弃了。你怎么看这个问题？

阎：在我看来，马克思早期思想发展的过程中的确是发生了阿尔都塞所说的“认识论断裂”，这个断裂也确实表现为用历史唯物主义科学问题框架取代了黑格尔—费尔巴哈意识形态问题框架，但这并不意味着以往的这个意识形态框架就毫无存在的意义，更不意味着马克思在这个思维框架中提出的观点就毫无价值。人道主义是近代欧洲文艺复兴运动和启蒙运动的最伟大的思想遗产，马克思继承了而不是背离了这个遗产，只不过他把这笔宝贵的遗产从历史唯心主义的思维框架中拯救出来，将其放置在历史唯物主义的科学思维框架中予以重新理解和定位。阿尔都塞过度的科学主义立场蒙蔽了这一伟大转变的价值论意义。至于某些国内学者跟随阿尔都塞，认为马克思后来放弃了这个观点，更是毫无根据。正是在1845年的《德意志意识形态》，马克思从人的自由本质出发，把社会生产力与交往形式的矛盾理解为个人的自主活动与这种自主活动的条件的矛盾，进而在1857—1858年的《经济学手稿》中，马克思更为深刻地重申了《1844年经济学哲学手稿》中把为达到目的而克服障碍的活动即劳动称之为“自由的实现”，称之为人的“自我实现”和“实在的自由”，指出“这种自由见之于活动恰恰就是劳动”。[①] 在马克思《资本论》等一系列批判地考察、分析和阐释资本主义生产方式的作品中，人的自由本质这个基本信念就像柏拉图“洞穴”之外的太阳一样，高悬于马克思对社会历史的理论研究和考察之中，因而马克思才能在克服思辨唯心主义历史哲学的同时，又能克服抽象的经验主义。换句话说，阿尔都塞所拒斥

① 《马克思恩格斯文集》第8卷，人民出版社2009年，第174页。

的人道主义的意识形态，其实正是实践哲学本身所持有的基本价值理念，只不过过度的科学主义立场使阿尔都塞看不到这一点。

陈：是不是可以说，把人的自由本质确定为马克思实践哲学的价值前提，更有助于认识和把握马克思实践哲学与以往旧哲学，特别是与以黑格尔为代表的古典思辨哲学的根本区别？更有利于理解马克思主义哲学的本质特征。

阎：的确如此。马克思在《关于费尔巴哈的提纲》中的第十一条提出的一个重要命题："哲学家们只是用不同的方式解释世界，而问题在于改变世界。"① 对于这个命题，马克思主义研究领域中的所有学者都无比熟悉，但对这句话的理解依然存在着很多疑问。最主要的疑问在于：难道哲学不应当承担解释世界的功能或任务吗？海德格尔也曾质疑这个命题，他问道："解释世界与改变世界之间是否存在着真正的对立？难道对世界每一个解释不都已经是对世界的改变了吗？对世界的每一个解释不都预设了：解释是一种真正的思之事业吗？另一方面，对世界的每一个改变不都把一种理论前见预设为工具吗？"② 由此看来，海德格尔也没有真正理解马克思的这个命题的含义。

首先，马克思在这个命题中所说的"用不同方式解释世界"的哲学当然包含了以往所有理性主义的和经验主义的哲学，但从马克思在思想转变时期所针对的旧哲学而言，主要是指传统的理性主义哲学，特别是以黑格尔为代表的思辨唯心主义哲学。这种哲学的鲜明特征就是确认在人类的知识体系中，存在着一种不是来自经验的，而是来自人类的纯粹理性能力的知识。这种哲学在最高的"元哲学"层面上确立或预设某种终极性的东西为立足点或推论的前提，由此出发构造出一个合乎逻辑的理论体系。这个终极性的前提在不同的哲学家那里可以有许多不同的表述，如"存在"、"一"或"太一"、"实体"、"我思"、先验主体、绝对精神、自我意识等，不管怎样设定和论证这种终极性的东西，这个东西都被视为一种最高意义上的真理，或者使之拥有高于一切的真理权力，从而为由此推论出来的任何观念提供真理性的保证。

① 《马克思恩格斯文集》第1卷，人民出版社2009年，第502页。

② ［法］F. 费迪耶等辑录：《晚期海德格尔的三天讨论班纪要》，丁耘摘译，《哲学译丛》2001年第3期。

当然，这并不是说，理性主义者或形而上学思想家们不关注人们生活于其中的现实世界，但他们的理论是以自身特有的方式与现实发生关系。这种方式就是用一系列推论出来的概念或范畴来统摄现实世界中存在的事物以及在人们的道德实践和政治实践中发生的各种事件，将它们分割或分解为各种有着特定内涵的元素或环节，然后再按照从终极性真理推导出来的逻辑关系，把这些要素重新组合起来。这样，整个世界以及人们的全部实践在哲学内部就呈现为一个有着内在逻辑必然性的整体或一个统一的世界。这就像我们出门旅游前整理衣物一样，把散乱的衣物进行折叠、压缩，并按照一定的秩序将其安放在箱子中。理性主义哲学这样做就是要为看上去支离破碎的世界建立一种特定的、能够被理性所诠释的秩序。因此，理性主义哲学竭尽全力去思考作为整体的世界，无非就是要把一种由理性构建出来的确定的秩序强加于这个整体的形形色色的要素中。而当它这样做的时候，就在哲学内部实现了对现实的一种改造，迫使现实世界和全部实践都必须符合哲学话语的内在逻辑。也就是说，理性主义哲学要想把外部世界发生的事件纳入到由形而上学构筑的理论体系中，就不可避免地要改变事物原有的存在形态，使之适合体系的内在逻辑。在这个整体的内部，所有要素、部分、环节都从终极之物那里获得真理性的承诺或保证，并以统一性的名义来思考它们。如此，理性主义哲学便在自身内部构造出整个世界和全部实践。正如马克思一针见血地指出，这种历史观不是站在现实历史的基础上，而是在每个时代中寻找某种范畴，不是从物质实践出发来解释各种观念形态，而是从观念出发来解释实践。

由此，当海德格尔质疑“解释世界与改变世界之间是否存在着真正的对立？难道对世界每一个解释不都已经是对世界的改变了吗？”时，某种意义上说，他的确是说对了，一旦世界中所发生的一切以及人们的全部实践被纳入到这个先验的体系中，这个世界的确就被改造了，只不过是在哲学体系内部被改造了。也就是说，这个体系没有改变世界本身，而是改变了对世界的理解。这就是所谓“解释世界”的哲学！

“问题在于改变世界。”这句话是什么意思？这并不是否认一般哲学都具有的解释功能，而是强调在这种体系哲学之外存在着一个经验性的世界，这个世界所发生的一切包括人类的全部实践绝无可能一件不漏地被包含在体系哲学的逻辑构造中，即便对这个外部世界进行剪裁、重组，这个世界也会像拉康所说的那样总是包含着这个体系无法容纳的“剩余”。因此，马克思抛弃了那种从观念出发解释社会历史发展过程的思辨哲学，用一种经验的、实证的方式来考察、分析和阐述社会历史发展过程。这就是马克思所说的：“在思辨终止的地方，在现实生活面前，正是描述人们实践活动和实际发展过程的真正的实证科学开始的地方。关于意识的空话将终止，它们一定会被真正的知识所代替。”①

更为重要的是，马克思所说的这个真实的或现实的世界并不是旧唯物主义或直观唯物主义所设想的那个自在意义上的自然界，而是以人的感性活动，即人们的实践活动为基础的“感性世界”。这个感性世界是人们的物质生产、商业和科学技术活动的产物，它是随着人们的实践活动的不断发展而不断地发生历史性的变化，因此对于这个感性世界，必须当作感性的人的活动，当作实践去理解，必须从主体的方面去理解。这样来看，“问题在于改变世界”的第一含义就是，这个真实的、现实的，可以用实证的、经验的方式予以考察的世界既不是感性的、自在的、一经产生就始终如一的自然世界，也不是从某种形而上学的元理论中派生出来的世界，而是随着人们物质实践的发展而不断发生历史性变化的世界，或者说，是不断地被人们的感性活动所改变的世界。相反，观念的东西不过是物质实践的发展及其成果在人们头脑中的折射、反映或回声。因此，不能用观念的东西来解释物质的实践，只能从物质实践出发解释观念的东西。

既然问题在于改变世界，那么，凡是在这个真实的世界中所发生的一切，无论是正义的，还是邪恶的；无论是美好的，还是丑陋的，都是人们物质实践的产物，也只有通过人们的物质性的实践才能加以创造或者消除。特别是，数千年来，随着私有制的产生和发展，随着阶级社会的产生和发展，从奴隶社会再到封建社会直至现代资本主义社会，始终是占人口少数的但占统治地位的阶级剥削、压迫、奴役占人口多数的劳动者阶级，始终是少数人的富足总是以多数人的贫困为代价，一个人的发展总是以牺牲他人为代价，这种境况绝不是靠理论上的逻辑演绎就能改变的，也不是靠单纯的思想批判、词句批判就能改变的，只有通过人

① 《马克思恩格斯文集》第1卷，人民出版社版2009年，第526页。

们的包括社会革命在内的物质实践的发展，才能加以改变。也就是说，现实的批判不是改变人们对现实的理解，不是用另一种观念来解释现实的东西，而是用革命的实践来改变现实世界本身。

陈：如果是这样理解“改变世界”的实践哲学，那么价值哲学的意义就是不言而喻的。因为，无论从小的方面说，人的实践活动改变一个存在物的具体形态，还是从大的方面说，改变旧的世界，都离不开价值观对人的实践活动的推动和引导。是不是可以这样说，没有价值观的引导，就没有可能使外部自然界成为“人化自然”，换句话说，没有价值观的引导，改变世界的实践哲学就会变成十足的空话。

阎：我就是这样理解的。“问题在于改变世界”，而人们改变世界的物质实践并不是纯粹意义上的自然物质运动，而是人的自由的、有意识的生命活动。所谓“有意识”，就是说实践活动是一种自觉的活动，这种自觉性体现为在人的实践活动中必然包含人的理性能力的运用。这种运用于实践活动中的理性能力必然体现在两个维度上：其一是科学理性的维度，即用经验的或实证的科学方法考察人类社会及其历史发展过程，揭示在人类实践活动中形成的客观关系、客观机制、客观矛盾和客观规律，揭示人们经济的、政治的、社会的以及文化的交往活动在历史发展的不同阶段所具有的形态及其发展趋势。这个维度是马克思实践哲学的唯物史观与以往的唯心史观，特别是以黑格尔为代表的思辨哲学社会历史观的根本区别。其二是价值理性的维度，即考察人类实践活动的价值取向以及为这种价值取向进行论证或辩护的价值理念或价值准则。也就是说，当人们力图赋予对象以新的存在形态时，面对多种可能性的存在形态，就有必要进行价值选择，使那种更符合人的生存需求和目的，也就是更符合人的存在价值，更具有合理性和正当性的可能形态变成现实。这个维度体现出社会历史主体的主体性、能动性，是马克思实践哲学与“抽象的经验主义”的根本区别。毫无疑问，这种思考和选择必然会面对一系列重要的价值理念或价值准则，如自由、平等、公平、正义、幸福、美丑、善恶等。这两种理性是缺一不可的，如鸟之两翼，车之两轮。但就人的实践活动的自由性而言，价值理性显然是占据主导地位的，因为它直接决定了人的实践活动的价值和意义，决定了人是否要从事某种实践活动，决定了人们打算按照什么样子来改变客观对象。

黑格尔把人对客体的改造称之为“赋形活动”，即克服种种障碍，突破客体原有的存在形态，赋予其新的存在形态，这个新的存在形态体现着实践主体的意志、目的和愿望。这就是人的自由的最为本真的内涵。也就是说，只有价值理性才能使人的实践活动真正成为自由活动。尽管自然规律没有也不会在人的实践活动中失去它的客观必然性，但人们却可以通过自身实践活动中的价值选择引起自然界本身的运动所不能发生的变化。这一点也正是历史决定论与历史选择论辩证统一的根本依据。

社会本身的客观关系和客观规律内在于人的活动之中，社会主体的理性精神、价值取向和理想目标就必然会嵌入到客观的因果联系中，使自然界的改造、社会形态的改变以及整个社会历史的演进成为一种合目的的过程。实践活动的目的是作为规律决定着人们的活动方式和方法。从这个意义上说，价值观念是社会进步的灵魂，体现着社会进步发展的目标和意义。离开了人的目的和价值选择，离开了产生于人们生活实践的“文化精神”，不从主体的角度来考察社会及其历史发展，就不能理解社会进步的实质。

陈：对价值理念的思考，不可避免地会使我们在理论上面临一个问题，即这些价值理念是否是具有普遍性和必然性。如果这些价值理念不具有普遍性和必然性，那么人的道德行为和政治行为所遵循的规范将失去普遍有效性，也会失去对现实的社会生活进行价值批判的根据，当然也就无法对社会进步的价值取向做出有效的判断。这里的问题是，如果说这些价值命题可以被确认为是具有普遍性和必然性的命题，那么它们是如何获得这种普遍性和必然性的？

阎：在我看来，但凡价值命题，无论是道德命题还是法权命题，都是具有普遍性和必然性的命题。但它们不是科学命题，它们的普遍性和必然性不是通过归纳和概括经验事实而获得的。即便像“不得偷盗”这样的简单的道德命题，你在经验世界中都得不到普遍的印证，但它绝对是一个具有普遍性和必然性的道德命令，因为它不允许在这个世界上给偷盗行为留下哪怕是万分之一的容忍度。至于像自由、平等、公平、正义这样的命题更是如此。因为在经验世界中你不难看到，数千年来奴役、剥削、压迫是随处可见的大概率事件，直到今天也依然没有休止。对人的自由的践踏所带来的灾难也堪称是不断重复上演的历史悲剧。但尽管如此，自由、平等、公正始终是具有绝对性意义的价值追求和价值准则，即便是那些对人的自由充满仇恨的专制主义者也不敢公然对之进行挑战。

当然，说普遍性和必然性的价值命题不是从经验中归纳概括出来的，并不意味着这种价值命题与经验世界毫无关联。关于这一点，我很欣赏康德的一句名言：我们的一切知识是从经验开始的，但不能说我们的知识是来源于经验的。对于这句话，我们过去更多的是从认识论的意义上来理解，其实这句话对于理解实践哲学的理性维度及其价值命题可能更为合适。实践哲学的价值命题来自我们的纯粹理性能力，这并不是说它们与经验世界毫无关系，而全凭头脑的无端运作。任何价值命题都必然是从经验世界开始的，必须在经验世界中是可能的，否则对我们就毫无用处。人类理性所面对的经验世界是人类感性活动的产物，因而这个经验世界并没有完全外在于人的理性思维，而是始终处在理性思维的密切关注中。这种理性思维把在人们的生活实践中涌现出来的各种行为方式和活动目的，以及产生于社会生活的结构性运动中的各种因素，纳入到从一定的前提预设推导出来的观念体系中予以考量。例如，在古代社会，人们在观念中是把道德的、政治的价值命题理解为来自宇宙本性的抽象实体；在中世纪宗教神学中，所有价值命题都因来自上帝而具有普遍性和必然性；而自近代以来，当人的自由本质被确定为实践哲学的基本前提之后，经验世界中与这个前提根本一致的行为方式就会通过逻辑推演上升为普遍原则，使之成为改造社会的价值取向。

因此，从现在的眼光来看，把人们的某种行为方式，或者把某种社会生活因素确立为普遍的价值原则，不是靠经验的归纳和概括，也不是因为它们在经验世界中出现概率很高，而是因为它能够自觉或不自觉地真正体现人的自由本质，并有助于在现实生活中深化和拓展人的自由本质。在这方面，我们决不能低估人类理性在改变世界或创造世界上的能力。让自然界中的木材自然地演化成一张书桌，不能说完全没有可能，至少也是概率极其微小的事件，但是在人们的实践活动中，只要人们认识到书桌的功能和意义，我们就可以把书桌成批成批地生产出来。对于人们的经济生活、政治生活、道德生活来说，同样是如此。人类实践活动的最伟大的特征，就在于能够把那些与人的自由本质一致的可能性变成现实，而不管这种可能性在经验世界中出现的概率有多么小。

陈：这样说来，人们的实践活动一开始就是把自由作为最高的价值来追求，从而人类社会的历史就如同谢林所说的那样，就是一个以自由为目的的历史了？

阎：当然不能这样简单地看待人类社会的历史过程。自由之所以是人类实践的最高价值，从本体论的意义上说，就在于人类的一切实践活动本质上都是自由的有意识的活动，人们改造自然和社会的实践过程和结果就是人的自由本质的自我体现和确证，是人的“实在的自由”，而社会发展无论经历怎样的艰难曲折都必然表现为人的自由的不断深化和提高。因此，人的自由的本质就是人自身和人类社会进步发展的最高价值，正如马克思所说：“人是人的最高本质”。[①] 但是，说人在本质上是自由的存在物，并不是说人们在一开始就能意识到自己的自由本质并把自身的自由本质作为最高价值来追求。就如同黑格尔所说的那样，小孩是自在的大人，最初他是自在地具有理性，但这种最初自在地存在的东西，还不是在其现实性中的存在，要使这种自在的、可能的存在成为现实的存在就必须超出自身，在自身内部培养自身，使自己成长为自为地具有理性的人。[②] 把黑格尔的这个思想用到我们的这个话题上，就是说，人在本质上是自由的，但最初对于人的存在来说，自由只是在自在意义上是自由的，而非自为意义上的自由，亦即人们并不是在一开始就能自觉地意识到自己的自由本质，也不会自觉地把自由作为自己活动的价值追求。

尽管人们的物质生产活动本质上就是自由的有意识的活动，但正如我们在今天依然能够看到的那样，直接表现出来的则是为满足物质需求的活动，对物质利益的追求始终是生产活动的内在动力。尤其在私有制产生以后，对生产力总和的占有直接表现为对私有财产的追逐。这种追逐造成了人与人之间、阶级与阶级之间、国家与国家之间的对立和抗争，并且经常严重地扭曲人类活动的自由本质。

---

① 《马克思恩格斯文集》第 1 卷，人民出版社 2009 年，第 18 页。

② 参见［德］黑格尔：《法哲学原理》，范杨、张启泰译，商务印书馆 1982 年，第 11 页。

当然，这种情况不能遮蔽或否定人类满足需求的活动根源于并体现着人的自主性和自由性这个一般性质。在任何时代，我们或多或少地总会看到，有很多人没有也不会把单纯地把满足物质生活需求当作自己的终极目的，而是要追求高于物质生活的、能够真正体现自己的本质、能力和创造性的价值目标。对于这种价值目标，物质生活的满足只具有手段和条件的意义。当追求这种价值目标的活动遇到来自自然和社会的阻力时，人们就会感受到痛苦和烦恼，就会产生消除这些阻力的动机和努力。因此，人们自古以来就设想创造出一个能够使自己充分地驾驭自然力并使自己的潜能得到自由发挥和发展的社会状态。这种基本的价值取向引导着人们创造历史的活动，每当人们的物质生产和社会生活跨入一个新的历史阶段，都是这种基本价值的历史性的实现。

"自由"之所以能够在 18 世纪至 19 世纪的德国哲学中理论地确立起来，当然不单依靠几位卓越的思想家极为高超的思辨智慧，也因为此前已经经历了把自由从现实中呼唤出来的漫长的历史过程。粗略地说，经历了从奴隶制中的解放、从封建专制等级制度中的解放、从宗教神学的思想束缚中的解放等，用黑格尔的话说这部历史就是一部"为承认而斗争"的历史。"自由意志"这个概念尽管很早就出现在思想家的理论中，甚至也出现在基督教神学的教义中，但它真正的觉醒却是相当晚近的事情。黑格尔在给谢林的一封信中，曾发出这样的感慨："为什么，到这样晚的时候，人的尊严才受到尊重？为什么，到这样晚的时候，人的自由禀赋才得到承认？这种禀赋把他和一切大人物置于同一行列中。我认为，人类自身像这样地被尊重就是时代的最好标志，它证明压迫者和人间上帝头上的灵光消失了。哲学家们论证了这种尊严，人们学会感到这种尊严，并且把他们被践踏的权利夺回来，不是去祈求，而是把它牢牢地夺到自己手里。"[①] 对于欧洲，尤其德国是如此，对于作为后发国家的中国来说更是如此。因此，自由的理念是被历史地确立起来的，这种历史的确立为理论的确立提供了现实基础和前提。

事实表明，一旦人们自觉地意识到自身的自由本质，在实践活动中就不仅会创造出具有实际效用的文化产品以满足自己的直接需要，而且还会超出这种有

① ［德］黑格尔:《黑格尔通信百封》，苗力田译，上海人民出版社 1985 年，第 43 页。

限的实际需要，去追求自己的自主性和自由性的全面发展，并为自己的本质、能力、智慧能够在自己创造的文化产品中得到显示和确证而获得极大的满足和喜悦。在这个意义上，人本身就成了最高的价值，成为社会文化创造活动的终极目的。任何一个实践的领域都可以说是人们追求自我完善、自我实现和全面发展的场所，任何一种有益的文化产品都具有实现这种终极目的的意义。

陈：把自由确定为实践哲学最高的价值预设，也就是近代以来实践理性的内核或预设前提，这对于实践哲学本身的理论建构有什么意义？

阎：我认为，从实践哲学本身的理论建构来看，实践哲学的价值前提预设大致起两个方面的作用：

其一是建构，即从这种预设前提出发，合乎逻辑地推导出伦理的（道德的）、法律的、政治的一系列理念、法则或规范，并为其合法性做出论辩。从康德到黑格尔的实践哲学就是在这个理性主义实践哲学的发展轨迹中产生出来的。他们的重要功绩就是在人本主义思潮和启蒙理性的感召下，把实践哲学的前提预设从“神”的神圣性转向“人”的自由性，不是以“神”的名义，而是从人的自由意志或自由本质出发来推导普遍的道德法则和权力法则，甚至推导出整个伦理世界的规章制度，并为之提供合法性和真理性的辩护。

其二是批判，即从思维预设前提出发，对现实世界中，人们的道德实践、政治实践，对社会的经济建构、政治建构、道德建构、法律建构等进行批判性审查，并引导人们改变世界的实践活动。批判和建构是理论思维相互关联的两个方面，任何实践哲学都必然具备批判功能，康德和黑格尔的实践哲学就从人的自由本质出发，对扼杀人的自由的传统社会国家制度进行了严厉的批判。但如果从现代性批判的角度看，唯有马克思的实践哲学更为充分更为彻底地展现出实践哲学前提预设的批判功能。因为，康德也好，黑格尔也好，当他们从自由前提出发推导出现代社会的规范体系后，也就是说，当他们在理论上完成了现代社会的制度建构后，他们就近乎本能地认为，现代社会中的一切都已经在他们的理论中安排得足够好了，所有的一切都具有合乎理性、合乎逻辑的普遍性和必然性。但马克思不这样看，尽管马克思同样是以人的自由本质为实践哲学的前提预设，但他并不认为传统思辨哲学从抽象观念出发构造出来的世界就是完美无缺的。用阿尔都塞的话说，马克思承认存在着一个外部世界，也就是外在于思辨哲学用理论构造出来的那个世界。思辨哲学用理论构造出的世界尽管有合乎逻辑的完美性，但只是一个被符号化的世界，它不可能完美地包含真实的实在界。在马克思看来，这个是以人的感性活动，特别是以人们的物质生产活动为基础的“感性世界”，是可以用经验的、实证的方法加以考察和描述的现实世界。这个现实世界是一个随着物质生产力的不断发展而不断进步的历史过程。在这个过程的每一个历史阶段上，都有其特定的历史特征和具体的历史内容。同样，人的自由本质也不是毫无规定性的空洞抽象，而是一个随着物质生产力的发展和社会生活的不断进步而不断扩展和深化的过程，即在社会经济、政治文化生活中具体地、历史地现实化的过程。因而在社会发展的不同历史阶段上，人的自由本质也必然会有不同的历史特征和具体的历史内容。因而我们可以根据人的自由本质的现实化程度对社会发展的各个历史阶段进行批判性考察和分析，指出哪些具体的历史内容符合人的自由本质或有助于推进人的自由本质的现实化，而具有历史合理性、正当性；哪些具体的历史内容不符合人的自由本质或者是阻碍人的自由本质的现实化，而具有历史虚无性；哪些具体的历史内容最初是能够促进人的自由本质现实化的历史因素，但随着历史的发展又成为阻碍人的自由现实化的历史桎梏。

当然，批判和建构并不是截然分开的，而往往是结合在一起的，批判的同时也就意味着找到更为合理的建构措施；同理，建构的同时也必然包含对不合理因素的剔除。无论如何，实践哲学都必然要确立属于自身的价值前提，并将其作为具有绝对意义的思维起点和基本尺度，否则实践哲学就必然会因丧失其批判性而失去存在的必要性。

陈：最后还有一个问题。如果说，作为实践哲学价值理性的前提预设以及从这个前提出发推导出来的一系列规范性命题都不是从经验世界中归纳概括出来的科学真理，而是出自人类纯粹理性的自我设定和逻辑推演，那么有没有可能通过人的纯粹理性设定为人类实践活动提供另外一种预设前提，并由此推导出另外一套规范性命题？

阎：完全有这个可能。事实上，在人类尚未真正自觉地意识到自己的自由本质时，纯粹理性就已经开始为人类的道德行为和政治生活提供前提预设。这就是西方古近代理性主义哲学即作为第一哲学的形而上学所做的努力。古希腊哲学家巴曼尼得斯的“存在论”把“存在”视为世界的本体，并确认思维与存在是同一个东西，由此开启了纯粹理性即形而上学的思维进路，因为在他看来，思维中的真理绝对排斥来自经验的感性世界的“意见”，而全凭人自身的理性能力。在他之后，柏拉图、亚里士多德、基督教神学、笛卡尔、斯宾诺莎、莱布尼兹乃至黑格尔等，构成了马克思之前西方哲学史的声势浩大的理性主义洪流。它们思想不同、观点各异，但有一个共同点，即认为具有普遍性、绝对性、必然性的真理，如若不是来自上帝的启示，就只能来自人自身的理性能力，而不可能从经验世界中获得。

理性主义哲学用这种方式在自身内部构造出一个合乎逻辑的世界当然不是无谓之举。它不仅构成了人们对外部世界的理解和体验，而且还要投射到外部世界中。然而，对现实世界的这样一种哲学构造又是怎样作用于现实世界的呢？对这个问题的回答就涉及对理性主义实践哲学的理解。如果说，理性主义哲学或形而上学在自身内部建构世界秩序并不是仅仅为了满足于自身的理论沉思，而是要用于经验的世界，为经验世界建构符合其理论预设的秩序。这个努力就是通过实践哲学来实现的。

既然实践哲学的价值前提预设出自人的理性能力，那就完全有可能产生另外一种价值预设，并由此推导出另外一套规则体系。这有点类似于 19 世纪在几何学领域中发生的情况。当时，俄国数学家罗巴切夫斯基和德国数学家黎曼就是因改变了欧几里得几何学的平行线公理而创立了两个非欧几何体系。欧式几何体系中的平行线公理（或公设）类似于我们现在讲的实践哲学的价值前提，它不是来自对经验事实的归纳概括，也不是来自逻辑推论，而是来自人的理性设定的几何推论的前提。但是修改了这个平行线公设，就可以从这个前提出发无矛盾地推导出一系列新的几何定理。后来发展证明罗氏和黎氏非欧几何各有其适用范围。数学史上的这个旧案足以提示我们，实践哲学的价值预设前提，既然不是科学真理，而是人的理性设定，它就有变动的可能性，这个变动不是取决于客观必然性，而是取决于人们社会实践的终极目的。

事实上，实践哲学的价值前提预设在历史上已经几经变动，最初柏拉图为建构理想的共和国，就把最高的“善”设定为政治实践的价值前提，认为只有从这个“善”的理念出发，才能理解什么是“真”和“正义”。此后，不同的形而上学思想家对这个来自纯思的前提各有其表述，如“实体”“太一”“上帝”“自我”“单子”“自我意识”“绝对理念”“自由意志”等。现在看来，以往理性主义哲学的最大的误区是把这些来自纯粹理性的前提预设视为最具普遍性的、不可动摇的真理，并确信从这个最高的真理出发推导出来的世界（甚至包括自然界和人类社会）秩序也是不可动摇的。这不能不使人们对之产生怀疑。反之，近代以来以经验论和政治保守主义为代表的对纯粹理性持怀疑和否定态度的思潮学派，在否定形而上学纯粹理性的同时，却犯了另一个错误，就是没有看到出自人的纯粹理性的普遍命题，虽然不是科学真理，但却是可以作为人类实践活动的前提预设而有其存在的普遍性意义。例如，没有那个最高的“理念”，柏拉图无法建构出理想国的一系列规则体系；而在中世纪，没有宗教神学对“上帝”的崇拜，就不能对那个时代的道德秩序和政治秩序做出完美的论证。这样我们就可以理解，文艺复兴之后，面对蓬勃兴起的工业和商业，资产者对私人利益的普遍追求使“特殊性”上升为原则，从而与基督教论证的旧秩序发生冲突，这就需要宗教改革、启蒙运动等改变实践的价值前提。更不用说，在以市场经济为基础的现代社会中，人的自由成为最高的价值预设。没有这个普遍的、绝对的价值预设，人们从经验世界中不可能找到为自身自由权利做出论证的根据。

陈：如果是这样，近代以来，通过启蒙运动确立起来的以人的自由本质为最具普遍性的前提预设，会不会像以往哲学的前提预设一样发生历史性变化？

阎：理论上说，是完全有可能的。因为这个前提预设同样不是反映客观必然性的科学真理，而是出自人的理性能力。但是，正如我们前面所说的那样，这个前提预设虽然不是来自对经验世界的归纳和概括，但也绝不是思想家的思维运作，不是空穴来风。用康德的话说，它虽然不是来源于经验的，但它也是从经验世界开始的。这个“从经验世界开始”的意思，在这里首先是说，人的自由在经验世界中是可能的，尽管到处都可以看到奴役和压迫，但对自由的追求是自古以来就潜存于人们的实践活动中的，因为没有人愿意甘受压迫和奴役带来的屈辱，只不过这种对自由的追求因人们并没有真正意识到自己的自由本质而长期处于非自觉的状态，经过一系列历史斗争，自由精神终于在近代被工商业打破封建束缚的发展所激励，被启蒙运动所唤醒。人类纯粹理性的作用就在于把这种自由精神设定为引导人类实践的价值预设。它能够最终得到人们的普遍接受，也证明了这个价值预设本身的永恒的魅力。只要是追求自由，就没有人敢动摇这个价值预设。

但是即便这样说，也不意味着这个价值预设就像地球上的水往低处流这个科学真理一样不可被质疑或否定。现实中，不知有多少专制主义、极权主义的政客对自由这个价值预设充满怨恨，随时准备把这个命题打入思想的冷宫，变着法地扭曲人们对自由的理解，以便为扼杀人的自由张目。说不定有一天，这些政客就会公开自己的嘴脸，废除这个前提预设，而把有利于专制主义的前提预设强加给追求自由的人们。这绝不是危言耸听。现在网络中不就已经有了公开否定民主政治的言论了吗？不是已经有人对自由平等进行践踏吗？对此，我们不能不警惕。实践哲学在坚持人的自由本质这个价值预设方面不能有丝毫的动摇。

陈：谢谢你，经过上述访谈，我对你的学术思想有了一个较为清晰的认识。实际上，你的学术体系很有特色，这在中国的学者中是不多见的。

【执行编辑：陈新汉】

我国价值论研究主要著作巡礼

A Tour of the Major Works on Axiology Research in China

立足唯物史观，开拓规范的统摄性研究
——评《规范通论》

唐正东 *

一二十年前，国内学界研究各类具体规范问题的学者颇多，但他们基本局限于各自专业的视域，如伦理规范、法律规范、学术规范等，其关注的重点是本领域内特殊规范本身的性质、形成、效力等。尽管这些研究取得了显著的成就，但由于缺乏对各类规范的共性的理解和统摄性把握，即缺乏对各类规范的哲学研究，有只见树木不见森林的局限性，存在着只注重某种规范的特质，不关心规范的一般本质、规范与规律的关系、规范的合理性、各种规范之间关系等重要问题的缺陷。而如果不对这些基础性问题进行探索和阐述，就无法深入揭示各种具体规范的特质，还会影响到具体规范的创制和实现路径的选择。正因为如此，规范的综合性、贯通性、总体性研究的重要意义便凸显了出来。我们知道，在一二十年前的国内学界，此类总体性的规范论研究是少见和零散的。在这样的情境中，由厦门大学哲学系徐梦秋教授等撰写的《规范通论》的出版，无疑是一个重要的"事件"，它既标志了我国学界在规范论这一交叉性、综合性的学科方向上的研究工作取得了开拓性的、重要的进展，也标志着我国学者对规范问题研究的方法论水平又大大提高了。

在以往的历史唯物主义研究中，我们侧重研究客观历史规律。这在思想史研究领域表现为从规律论的角度，解读经典作家哲学思想的发展过程；在理论与实践相结合的研究领域，则表现为从规律论的角度解读和判断历史和当下实践的合理性。这无疑是很重要的。但是，我们同时应该看到的是，历史唯物主义在上

---

* 唐正东，南京大学哲学系教授，博士生导师，主要研究方向为马克思主义哲学。

述两个领域内的研究都存在着需要进一步具体化的问题。对马克思主义经典作家来说，社会历史的规律是基于生产方式内部的矛盾运动的，但在现实的历史过程中，生产方式单凭其自身是不可能存在的，它还需要其他因素为其存在提供条件。文化中的规范和规范系统就是这些重要的其他因素。“规范是一种告诉人们应如何作为且希望人们都如此作为的指示，它所指示的行为必须具有施为的可行性和达到预期效果的可能性。如果它所要求的行为不可行，或不具备达到预期效果的可能性，那它就不可能为人们所认可和采行，从而也就失去了效力和存在的意义。”① 也就是说，按照我的理解，规范是和文化一样，把生产要素组织起来，并使之成为现实存在的那些因素。尽管我不会像有些极端的西方学者认为经济是文化的那样，提出生产方式是规范的观点，但我的确认可规范、文化等因素是作为本质的生产方式走向现实生活实践的中介环节。随着西方马克思主义在研究对象上完成了经济批判向文化批判的转型，文化的哲学意义这一问题已经得到了哲学界的高度重视。相比而言，规范的重要性还没有被提到应有的高度。我以为，从理论建设性（而非单纯批判性）的角度来看，规范问题的研究甚至比文化批判理论的研究更加重要，因为“对与行为相关的客观规律或客观的因果联系的把握，对行为及其后果之利弊或价值的评价，共同构成规范形成的充分而且必要的条件”②。文化批判理论中的文化更多地彰显了霸权性的一面，而此处所讲的规范，由于兼顾了真和善的两个领域，因而更多地凸显了建设性的一面。这对于正在构建社会主义和谐社会的中国来说，更具有理论上的对应性。

沿着历史唯物主义研究的具体化方向而建构起来的规范论研究，是一个交叉性、综合性的崭新研究方向，它不仅在学术层面上对哲学、法学、经济学、行政学等学科的深化与发展具有前瞻性的指导意义，而且在现实实践的层面对当下中国正在发生的事情有指导意义。因此，加快对它的研究是很有必要的。《规范通论》一书的出版为此项研究工作打下了重要的基础。此书的突出特色在于对规范问题做了总体性和综合性的研究，并在整体上全面提升了国内学界对此问题的研究水平。这些综合性的研究既包括对规范的基本问题（如规范论的对象、性

① 徐梦秋等:《规范通论》，商务印书馆 2011 年，第 22—23 页。

② 徐梦秋等:《规范通论》，商务印书馆 2011 年，第 25 页。

质、问题与方法等）、规范的类型、规范与逻辑等的研究，也包括从历史发生学的角度展开的对规范的演变、个体规范意识及行为的形成与发展过程等问题的研究，做到了纵向与横向逻辑的交叉式布局，体现了历史与逻辑相统一的阐述方法。从这个层面来说，此书对于国内学界具有格外重要的意义，因为通过对它的阅读，人们可以得到关于什么是规范的认识，而这恰恰是在现实实践中真正实现各类具体的规范的前提。另外，此书通过对规范与自由的关系等问题的阐述，使读者摆脱了在自由、必然、规范三者关系问题上的机械理解，从而在规范的实现路径等问题上得出更为深刻的观点，这对于当下的现实实践也是有指导作用的。

就具体的观点来说，此书的主要理论建树是：（1）对规范论这一学术方向的基本问题进行了全面的梳理和系统的总结。作者除了对规范论的对象、性质、方法、基本问题等进行了阐述之外，还深入研究了规范何以可能，规范、规律与自由，规范的合理性及其判定，规范的功能与类型等问题。应该说，这是具有创新性的，它为此研究方向的进一步发展奠定了良好的理论基础。（2）从发生学的角度对规范的历史演变历程进行了探讨。这一探讨与对规范论的一般问题的研究相得益彰，为规范论的研究提供了一个历史发生学的基础。此项研究颇为深入，譬如，在对规范演进动力机制的阐述上，作者从仪式化，生存博弈与社会协调，产权激励、交易成本与制度绩效，路径依赖、基本价值与制度创新的可能性等多个方面对此展开了论述。（3）从发生学的角度对个体规范意识及行为的形成与发展过程进行了阐述。规范论研究要想深化，就必须把研究视域推进到个体发生学的层次。此书作者在这方面作了较为深入的探讨，他们从对个体发展的不同年龄段的分析出发，对个体规范意识及行为的形成起点、初步形成、开始发展、进一步发展、由他律向自律发展等不同阶段的特征及内涵，进行了深入的分析与解读，全景式地展现了个体规范意识及行为的形成与发展历程。（4）对规范与逻辑、规范的类型等问题展开了细致的阐释。在深入解读规范与逻辑之关系的基础上，作者对五种不同的规范类型的阐述是全面和深刻的。这种阐述方式本身就反映了作者从规范通论的角度，统摄各个具体的规范类型的理论努力。事实证明，这种努力是成功的。

徐梦秋教授在此书后记中说："做哲学一般有两种方式。一种是对哲学名家的思想进行阐释和发挥，起到传播、传承和发展的作用。还有一种是从历史和现实中提炼出哲学问题，运用某种范式与方式，开展独立的研究，提出有创见的思想、观点，甚至理论体系……关于规范的研究，就是后者的成果。”① 按照我的理解，他们在《规范通论》中所做的研究，应该不是与第一种研究完全没有关系。相反，第一种研究做到一定程度，自然就会过渡到第二种研究，即源自历史和现实的哲学研究。我曾经提过这样的观点：任何一种历史观在完成其现实化或具体化的过程中，一定会发生向社会观的转型。尽管在这种转型过程中，我们要力求避免经验论的局限，但同样重要的是，我们要找到使这种转型得以完成的中介形式。立足于这样的审视角度，我们不难发现，规范论就是这种中介形式。因此，有理由相信，随着中国社会的进一步发展，学界必将越来越清晰地认识到规范论研究的重要性。由此，此书所取得的理论成果的学术意义及理论影响力也必将越来越清晰地彰显出来。同时，作为整个“规范研究文库”（16 部）的开篇之作，此书的学术风格及理论深度必将对往后的研究产生积极的影响，从而为整个文库的成功奠定扎实的基础。

【执行编辑：尹　岩】

① 徐梦秋等：《规范通论》，商务印书馆 2011 年，第 706 页。

专题笔谈　学术评价和社会评价

Thematic Conversation by Writing: Academic Evaluation and Social Evaluation

编者按：

全国价值哲学学会有一个以“价值哲学”命名的微信群，常常围绕着一些问题进行讨论，有时讨论得相当热烈，在思想交流中火花迸发。全国价值哲学学会荣誉会长李德顺老师不时把大家的讨论按主题以word文档的形式整合，并放到微信群里，以便让大家进一步思考和讨论。这为作为学会会刊的《价值哲学研究》提供了稿源和灵感。我们决定在原有的较有特色的栏目，如“名家访谈”“我国价值论研究主要著作巡礼”等基础上再另辟一个“问题讨论”专栏，每一期就大家关心的一个问题，组织几位学者谈自己的想法。

“问题”在人类思想史上有重要地位。对于问题的哲学研究，可追溯到古希腊柏拉图关于研究问题出发点的思考，“一个人既不能研究他所知道的东西，也不能研究他所不知道的东西”，由此就形成了“什么是‘研究’以及‘研究’如何可能的问题”。这就是哲学史上著名的“美诺悖论”，即把两个彼此对立的命题连在一起予以肯定。黑格尔在批判“康德悖论”时就说：“就康德理性矛盾说在破除知性形而上学的僵硬独断，指引到辩证运动的方向而论，必须看成是哲学知识上一个很重要的推进。”就我们的论题而言，就是在既不知道又知道的东西中，正体现着作为研究出发点的“辩证运动的方向”。问题就是这种“既不知道又知道”的统一，即以必要知识为前提而体现出来的关于对象无知的自觉意识状态。为此，波普尔认为，问题就是研究活动的出发点，“科学只能从问题开始”。

本期，我们请了四位学者就“学术评价和社会评价”问题谈谈自己的体悟，以期引起大家的兴趣。我们在这里征集“问题”，希望大家能把与价值论研究相关的、能体现时代精神意蕴的问题提供给我们。

简议学术评价和社会评价

李德顺*

“评价”是“评判其价值”的简称，因此需要运用价值理论和方法来思考。

我们的价值论指出，任何事物的价值，客观上都是“因人（价值主体）而异”的。正是基于多元、多层、多向的主体尺度，对任何对象的评价，都可能出现多元、多层、多向的局面，因而也往往会形成交叉错位，甚至“走形错位”的局面。

拿我们学界来说，大家都已经痛感有一种乱象：似乎只要一沾上“评”字，学术研究的面貌、风气和成果就会“走形”，变得良莠混杂、庸俗不堪。所以有人干脆说：“学问，评不出来；评出来的，不是学问。”那么问题出在哪里呢?

大家都看到，问题多半出在学术评价的尺度、规范、程序和过程，是否能够始终坚持客观公正的原则；而更深层的问题，则在于“依靠谁来评价”的组织和制度安排。正是这种安排，在一定程度上决定了评价的方式和结果。据我观察，目前的某些颠倒和错乱，从根本上说，多半是由于评价实施过程中“主体不到位，甚至错位”带来的。

一

一般说来，评价说明评价者。要想让评价者不带有自己的价值取向和尺度（偏好），是不可能的。因此让谁来评价，必然受谁的价值取向影响和制约。譬如“外行看热闹，内行看门道”。找什么人（外行还是内行）来评价，就取决于究

* 李德顺，中国政法大学人文学院教授，主要研究方向为价值哲学。

竟是要“热闹”还是“门道”。对于学术评价而言，你究竟是想得到学术发展的“门道”，还是想达到当下社会期待效果的“热闹”？两者是大不相同的。

所谓学术评价，是指对学者及其劳动成果的专业性评价，主要看其对相关学科和专业的贡献如何，包括对弘扬和创新学术规范的贡献，等等。这样的“看门道”，当然是学界本身的内在职责，应该由同行专家来担当评审才合适。因此学术评价中，往往强调“同行评议，特别是小同行评议”。在这种情况下，就要求评审者:（1）必须与被评价对象是专业同行，而且是业内越有成就、越权威的专家越好。这里最忌的是让外行或假内行来评定。（2）必须对本学科（专业）的建设有高度自觉的权责意识，不可以只是来“赶场”或“捞资源”的。学术评价的客观、公正、积极，要由评审者对学科和专业，乃至对国家、社会和人民的忠诚，而不是只对自家门户的忠诚来保证。因此，对评审者也要有公开透明的监督和评价机制，才能保持评价导向及效果的可靠和稳定，促进学术繁荣。一般说来，真正的同行评价，可以代表该领域专业的实际水平，其评价可谓得失自在。再加上以社会实践效果的反馈为标志的社会评价，学术界的自我评价就可以受到社会的监督和评价，增强科学的尊严感和社会责任感。

所谓社会评价，是指对评价对象有什么社会思想文化贡献和实践启示的检验与评判，它通常要由相关领域的公众反应和应用效果来表达。作为价值，这里要求对评价对象是否能够在相应的领域内，满足社会的一定需要，或提升社会的能力做出判断。社会评价的主体是“社会”，特别是相关社会领域的实践者和公众。社会上用来评价学术成果的根据，首先在于其所对应的是否是真实的社会需要和能力，而不是什么人随意的“想要”，或无关世事的自说自话，更不是只图“吸引眼球”的虚假宣言；其次在于真实地反映通过实践显现出来的客观效果，如“管用不管用”“小用还是大用”“够用不够用”等的真实效应及持续效应。由于社会评价往往面临多元主体的不同尺度，所以其表现和过程往往复杂多样。其中代表社会主流的真实有效的权威评价，只有经过相应足够的时间才能显现出来，得到确切的结论。因而对于社会评价来说，最忌的是急功近利、浅薄浮躁。

两种评价之间，应该是既界限分明，又积极互动的。学术评价首先注重学术质量，在把好质量关的前提下，认真负责地向社会推出适合于现实应用和指导发展的学术成果，促进社会繁荣进步；社会评价则首先注重学术成果的社会意义即应用价值，因此要及时地验证并反馈学术成果的社会效应，包括其经济政治文化等各方面的实际效果，以促进学术研究的充实和深化，同时支持学术研究多样化发展繁荣，以尽可能充分地理解并支持。

二

两种评价之间的良性互动，必须以评价主体的切实到位为前提。一方面，“该由谁来评价，就由他来评价”，即让对学术发展负有权责担当义务的人来做学术评价，让对社会实践负有权责担当义务的人来做社会评价；另一方面，要把学术担当与社会担当统一起来，使两种评价成为同一主体的“实践—认识—再实践—再认识，循环往复、不断上升”过程内在统一的必要环节，而不是彼此分离、互不相干的两类主体各自独立，甚至相互冲突的博弈游戏。这就是说，科学、可靠的评价，其主体必须具有公共性的身份和立场，能够代表人类或共同体的立场、利益和水平，“大公无私”，或者说，只有以共同的人类科学事业和祖国人民的命运为统一的根本尺度，各种不同专业、不同层次、不同领域和不同时段的学术评价与社会评价之间，才能得出共同的结论，形成共同的语言。

按照这样的理想目标实现评价的科学化和规范化，并不是很容易的。而我们现实中学术评价的乱象，恰恰主要表现为两种评价形式的混淆和颠倒。譬如，不是首先进行学术专业评价，继而以社会实践的相关效果检验为根据，实现社会评价；而是由于行政权力和市场利益的强势介入，即“权钱当道”，造成了真正评价主体的错位，使同行专家的评定可信度不高，实践检验则无法真正在场。

例如，学术和行政管理部门，如果仅仅以“五唯”[①]，而不是以学科发展为自己的“需要”，从而把一种偏狭虚假的“社会需要”当作了原则，那么就必然违背科学规律，僭越了学术研究的评价尺度和规范。更有甚者，是以“学术GDP”

① “五唯”是指“唯论文、唯帽子、唯职称、唯学历、唯奖项”。这是教育部发布的《教育部办公厅关于开展清理“唯论文、唯帽子、唯职称、唯学历、唯奖项”专项行动的通知》中的提法，中华人民共和国教育部网站，http://www.moe.gov.cn/srcsite/A16/S7062/201811/t20181113_354444.html。

为指标，通过行政权力的扩张，使学术评价过分地与个人乃至单位的切身利益（职称、收入、学科地位、学校资格和项目特权等）相挂钩。这就导致不仅学者个人，而且其所属单位领导，也都要把获得项目或某种发表作为自己赢得权利和资源的“业绩指标”，不得不为之大力投入。这种导向的后果，就是学术评价越来越不讲科学性和社会责任，只是去“捞资源”。而在这种氛围下，被指定参加评审的专家，也可能对学科建设的前途和规范既无力也无心负责，只能唯权势意志和实利导向马首是瞻。至于拿到项目或“C 刊发表”之后，究竟对学术和社会贡献了什么，也只好忽略了。长此以往，原本属于期刊系统自我评价的分类排序，就越来越被当作权钱用来掌控整个学术领域的工具和依据，于是就可能进一步导致编辑部与作者相互依赖、相互利用，甚至相互腐蚀的交易格局。其后果，将成为学术腐败的一个温床，后患无穷。

总之，真正的评价主体不到位或错位，必然带来“五唯”之类的评价扭曲，不仅助长急功近利、投机取巧、学风浮躁，而且为学术腐败和政治腐败提供了大量机会，最终造成学术成果匮乏、学术人才萎靡的“荒漠化”后果。

三

科学的学术评价，讲究的是学术成果的“内部完备和外部证实”。“内部完备”是指学理有据和材料真实、完整、可靠，没有学理含混、材料虚假的缺陷，也没有论证逻辑方面的自相矛盾和环节缺失。“外部证实”则是得到对象事实本身及其发展，以及相关实践过程的正面支持和肯定。这两项“评价要件”，是人类科学研究长期发展的经验凝结，也已成为所有学术评价的基本原则和尺度，需要在我们的学术研究中加以认真、彻底的贯彻和体现。

但这两项“评价要件”同时涉及学术界内部的自我评价和学术界外部的社会评价两大方面。事实上，在自然科学领域，实现两种评价的统一，其路径和效果都比较明确，相对易于落实和体现，有时通过一定的数理计算和逻辑批判，或者一场实地观测或判决性实验，就可得出结论。而对于人文社会学科来说，不仅科研成果的“内部完备”比较复杂，而且其实践检验更难以即时、直接地显现出来。因此，人文社会科学成果的内部评价，更依赖于学界的理论和方法共识基础；其“外部证实”则更依赖于深入、持续、精准的社会观察和历史体验。

面对这种情况，对人文社会科学研究及其成果的评价，就更加需要有一套能够保证真实主体充分到位，切实担当起应有权责的体制和规范，使评价能够保持在客观、公正、积极、向上的轨道上运行，不受和少受权钱和人情的干扰。

“主体到位”首先表现为负有权责的评价实施者（评审者）一定要“对位”。例如：对于基础研究的项目，一定要让基础理论和学识扎实的同行专家来评，不可只要当了评审者，就不论什么题目都有同样的发言权；对于应用研究的项目，则一定要有对应用领域认真负责的专家来参与评价，特别是那些与实践关系密切的项目。如事关经济政治形势和对策策略的研究项目，一定要请在经济政治工作一线的人来参与评价。虽然前者多属学术自我评价，后者多属社会评价，但只要做到对位准确，即让对学科和实践负责的专家来评价，还是有利于学术评价和社会评价两种评价可持续地走向和谐统一的。

“主体到位”其次表现为评价过程的规范，一定要精准“到位”。实施现场评价的当事人，总是变动着的，而作为评价尺度和程序的规范，则可以是稳定持续的，总要代表学术共同体和国家社会的价值取向。因此，对于不同层次的对象评价，也要有相应的具体规范。例如科研项目，可区分为“基础性常规性的课题”与“现实性特殊性的课题”两类。前类适合细水长流的支持和检验，不可限时、限量、预设结论地“指腹为婚”。有的甚至应该允许失败和“流产”，才能从中提取经验教训，淘汰错误路径，发现有效途径。这是原创者权责自负的主体性表现；后者属于特定的急需，则宜采取招标的方式立项，请有意向亦有准备的人来承担，然后，由发标者按照目标约定加以验收（评价）。这是需求者买单的主体性原则。

“主体到位”更应具体表现为相关主体的充分“到场”，即对某一科研成果的评价和鉴定，一定要让相关领域专家能够充分发表意见。各种层次和不同意见的交流和交锋，有时比权威性的“一锤定音”更宜于揭示问题的性质和意义，这种同行圈子内的“公众评价”可以成为最终准确可靠的“权威评价”的坚实基础。所以说，充分公开的学术交流和讨论，哪怕会有不可开交的争执和辩论，也是评价体系健康正常的一个重要环节。而我们现在缺少的正是这个，充分认真负责、开诚布公的学术批评和反批评。

可见，基于人文社会科学研究的特点和规律，其学术评价“主体到位”及其合理尺度标准的实现，需要一定的时间条件。我认为，越是重要的基础理论性研究成果，就越是应该经过持续反复的讨论和应用验证，不可一味要求即时兑现其价值。一般说来，我认为没有10年以上的工夫，很难对重要的基础理论创新做出准确充分的价值判断，并足以理解消化其理论价值，转化创造出新的应用价值。

“试玉当烧三日满，辨才须经七年期。”事实证明，能够在历史上站得住的重要学术贡献，往往并不产生于各种“评奖”的成果系列。因此须减少那些非必要且劳民伤财的短期内频繁“评奖、评定、评审”举措，把时间留给具体、专业的学术评价和联系实际的社会应用检验过程，增加长周期评价的分量，才更有利于推出真正的精品力作、学术瑰宝。否则，我们面临的很可能是“‘成果’越多，垃圾越多”的尴尬局面。

总之，要实现学术评价健康化、高效率地运行，要突破由于权钱过分介入而形成的（急功近利和形式主义）“利益链”的扭曲和干扰，回归学术研究及其评价的科学性尊严，让学术评价和社会评价成为分工明确、良性互动的一体化和谐过程，才能更有力地推动我国学术和科技向着高端化的创新境界发展提升。

【执行编辑：陈新汉】

文科学术成果评价与文科学术论文写作的六条标准

徐梦秋*

如何评价文科学术成果，这是一个难题。近一二十年来，国内学界、出版界和科研管理机构对这个问题的讨论越来越广泛，越来越深入，但仍有不尽如人意之处。

本人曾先后兼任《厦门大学学报（哲社版）》的编辑和副主编，长达15年；也是学术论文和学术著作的撰写者，从1978年发表文章参加真理标准大讨论至今，亦有46年。根据这些经历和经验，我总结出文科学术成果评价的六条标准，在此提出并阐述，求教于文科学术界和文科期刊界的各位同人。这六条标准是：

（1）意义标准：清清楚楚、明明白白；

（2）逻辑标准：有条有理、有根有据；

（3）客观标准：合乎事实、合乎规律；

（4）创新标准：不言则已、言必有新；

（5）文字标准：文从字顺、朗朗上口；

（6）效用标准：推动学术，造福社会。

这里的六条标准不仅对于文科学术成果的鉴定、文科期刊和出版社对稿件的取舍与修改，而且对文科的学术论文和学术著作的撰写，应该都是有参考价值的。

一、意义标准：清清楚楚、明明白白

意义是个多义词。“很有意义”的“意义”指的是“有用”“有价值”，“很有意义”就是很有用、很有价值。“这句话或这个词的意义不清楚”的“意义”指

* 徐梦秋，厦门大学哲学系教授，主要研究方向为马克思主义哲学、规范论、认识论。

的是"意思"或"含义","这个词或这句话的意义不清楚"就是"这个词或这句话的意思不清楚"。"意义标准"中的"意义"指的是后者,即"意思""含义"。"清清楚楚、明明白白"说的是作者的观点和对观点的阐述和论证,"意思"要清楚、含义须明白,不能含混不清。

学术论文是让同行看的,同行有大同行和小同行,论文至少要让小同行看明白,最好要让大同行看明白。如果能让与本学科有交集的其他学科的学者也大致看明白,那就更好了。如果文章让人看不懂,就失去了存在、发表和传播的意义。因此,评价文科学术成果的第一条标准就是意义标准。文章所要表达的观点、内容和关键性词句的意义不清晰,有歧义或无意义,给读者和编辑造成阅读困难,这是文科学术论文和著作的大忌。文章让人看不懂的原因有三:一是文章的学术水平高,外行或水平不够的同行看不懂。据说爱因斯坦关于相对论的论文发表后,最初就没有几个人看得懂。维特根斯坦也曾说罗素、摩尔等看不懂他的文章。二是作者自己可能清楚,但表达不清楚。如甲问乙:"您双亲仍健在?"乙答:"父在母先亡。"这是一个有歧义的句子。答者心里清楚,听者则不明其意。如,"5小于喜马拉雅山"这句话,莫名其妙,连说的人也不明白它是什么意义。三是"以其昏昏,使人昭昭",自己都搞不明白,还要说给别人听,还要品头论足、议论一番。这种毛病又在介绍和评价国外的学术著述时,最为常见。以上种种,误人误己、无功于前贤、无补于后学,妨害了学术。

所以,评判文科学术成果、学术著述的第一条标准就是意义标准。对于达不到意义标准,即说不清、道不明的所谓学术成果,包括论文、著作和资政报告,都只能说不。

二、逻辑标准:有条有理、有根有据

说清楚,讲明白,是一条底线。兜住学术成果的底线,除了意义标准之外,还要有逻辑标准。任何一篇学术论文,不管采取何种形式,从逻辑学的角度看,都可分为论点、论据、论证这三个要素。够格的学术成果必须达到观点明确、证据充分和论证方式得当的标准,这条标准就是逻辑标准。"有条有理"在此特指:

（1）推理的顺序和论证的步骤不能错乱，要符合逻辑规则，推理的链条不能有缺环，不能有逻辑跳跃。（2）概念之间和命题之间的关系，即同一、并列、交叉、从属、矛盾等关系，不可混淆。如不可把“主体性”与“主观性”等同起来。不可把“民族”和“种族”混淆起来。（3）观点与表达要逻辑自洽，不可自相矛盾、自乱文理。这表现在行文上就是用词准确、表述恰当、层次分明、脉络清晰。“有根有据”指的是：（1）论据必须可靠。（2）论据必须充分。（3）论点应以恰当的方式加以论证。关于第一点，应谨防论据造假和误用。所谓误用即论据不能指向论点（写作上叫“走题”或“离题”）。关于第二点，当前最大的问题在于把引证当作论证，把权威人士的言论当作证据，这是教条主义在学术领域的流毒，其次是论据不充分，如孤证，不能使人信服。关于第三点，说的是论证方式应与论点、论据相匹配。例如，广泛运用自然界、人类社会的各种事实论证矛盾的普遍性，用的是不完全归纳法；运用上层建筑对经济基础的反作用原理论证道德、法律对生产力的反作用，用的是演绎法；通过否定地心说来论证日心说，用的是反证法，等等。

中国的高等教育有一奇特的现象，大学生大多不学逻辑，所以绝大部分的文科学者和编辑不懂逻辑是什么，更遑论受到严格的逻辑训练了。他们大多按照个体的逻辑本能，“自然而然”地来做学问、写文章、审文章，只有经过长期的摸索以后，才能跌跌撞撞地走上一条大致合乎逻辑的学术道路。所以，不仅是作者，还有出版社与期刊的编辑、学术成果的鉴定者，都要高度重视逻辑的学习和逻辑标准的运用。只有这样，才能对文科的学术研究和学术成果做出合乎逻辑的评价。

必须注意的是，论据的充分性是相对的，为一个命题尤其是普遍命题寻找论据，往往是一个艰苦而漫长的过程。例如，对于世界的物质统一性原理的证明，恩格斯曾经说过：“世界的真正的统一性在于它的物质性，而这种物质性不是由魔术师的三两句话所证明的，而是由哲学和自然科学的长期的和持续的发展所证明的。”① 列宁也曾经说过，辩证法不是实例的总和。② 科学哲学中的逻辑实证主义、否证主义、历史主义关于确证与否证的争论和各自的解决方案，也说明了解

① 《马克思恩格斯文集》第9卷，人民出版社2009年，第47页。

② 参见《列宁选集》第2卷，人民出版社1995年，第135页。

决证据的充分性问题难度很大。因此，我们对于论据不够充分的观点和假设也不能轻易地否定，只要作者提出比旧的论据更有说服力的新论据，就应该珍惜，予以充分的肯定。当年史学领域疑古学派的崛起和如今“夏商周断代工程”“中华民族探源工程”的实施，都说明了证据的寻找、质疑和珍惜对推动和评价重大学术成果的重要性。

三、客观标准：合乎事实、合乎规律

把要说的都说清楚了，让人看明白了，并且也达到了逻辑自洽的要求，这当然好！但这只是学术成果合格的必要条件，而不是充分条件。说得清楚明白且逻辑自洽的东西也可能是假的、错误的，因为它不符合事实或规律，因而不具有客观性（何谓客观性？说法很多，这里无法详细讨论，只取唯物主义的见解）。在实证科学出现之前，有许多形而上学的学说，其表达也算清楚明白，逻辑体系也达到了内部自洽的要求。如中国古代的五行说、印度古代的四元素说等，虽然是清晰的、自洽的，尽管也有某些合理性，但其对世界的描述总体上是不正确的，因为它们不符合客观事实与客观规律。抗战时期曾出现了“亡国论”“速胜论”，它们各自的表述没什么模糊的，也不存在自相矛盾，但都是错误的，因为它们不符合中国国情和历史发展趋势；而《论持久战》之所以正确，主要是因为它反映了中国国情、国际关系和战争发展的客观规律。所以，在评价学术成果或学术论著之时，一定要坚持客观性标准，坚持真理和真实，否定谬误和虚假。这是学术研究和学术评价的又一条底线。

必须指出，逻辑标准和客观标准是不同的，但又有交集。为论点寻找论据的过程，也就是为论点寻求客观性的过程，因此判断学术成果的客观性的一个重要依据就是判断其论据是否可靠和充分。

四、创新标准：不言则已、言必有新

学术的灵魂是创新。创新性是学术成果的标志，无创新性的著述算不得学术成果，所以创新性既是学术成果的本质属性，也是兜住学术成果的又一条底线。创新标准是评价学术成果的最重要的指标。

创新有多种形式，以笔者之见，大致可分为：(1)问题创新，如休谟问题的提出，社会主义能否在一国首先取得胜利问题的提出；(2)方法创新，如历史唯物主义方法的提出、碳十四断代法的提出、信息时代大数据分析法的出现；(3)观点创新，如劳动价值论的提出、剩余价值学说的提出；(4)证据创新，如“夏商周断代工程”“中华民族探源工程”为夏朝的存在提出了新证据；(5)体系创新，如《资本论》体系的建构；(6)新事实、新材料的发现，如甲骨文的发现、郭店楚简的发现。对文科学术成果是否具有创新性，可以从上述六个方面来评价。

文科的各种著述，只要具有上述的任何一点创新，就有学术价值，就可称为“学术成果”。马克思的《资本论》就具备了学术创新的全要素，即问题创新、方法创新、观点创新、证据创新、体系创新、新事实与新材料的发现等六个要素。

五、文字标准：文从字顺、朗朗上口

文以载道。言之无文，行之不远，所以撰写学术论文也与文学创作一样，要讲究遣词、造句、语法、修辞、节奏、音调、标点符号。至少要做到用词恰当、妥帖，语句通顺、流畅。若能做到节奏分明，朗朗上口，能颂能歌，那就更好了。毛泽东的文章，就是典范。至于风格、文采，则应由内容决定，无一定之论，但总以简洁精要为好。为文必须字斟句酌，努力做到不能多一句话，不能少一句话，最好做到不能多一个字，不能少一个字。这就是文字标准。

当今学者的表达毛病不少，最常见的有：词不达意、句不通顺，佶屈聱牙、不堪卒读，故作高深、故弄玄虚，西化表达、假洋鬼子，空话连篇、套话成箩，寡淡无味。诸如此类都是为文的大忌，也是学术成果评鉴和期刊编辑改稿必须重视的问题。但不知为什么，现在有许多故作高深、不知所云或空话套话连篇、堆砌大词大话的文章反而容易发表。

文字标准与意义标准和逻辑标准是密切相关的。文字上的毛病，深究下去往往是意义上或逻辑上的毛病。例如：“我们基本完成了该课题的全部工作”就是个病句，因为它包含着“基本”和“全部”的逻辑矛盾。又如：“白马非马”这个病句子中的“非”就有歧义，“非”到底是“不是”，还是“不等于”？它在这个句子里模棱两可，意义不明确，由此也影响了对整个句子的理解。如果把“白马非马”理解为“白马不是马”，这个判断是错误的；如果把“白马非马”理解为“白马不等于马”，这个判断就是正确的。

广义的文字标准的运用，还包括考察句与句、段与段之间的关系处理是否得当，乃至篇章结构是否合理，等等。

六、效用标准：推动学术、造福社会

学术成果的效用，也就是学术成果的价值，所以衡量学术成果的效用标准也就是衡量学术成果的价值标准。学术成果的价值或效用可分为两种：学术价值与社会价值（应用价值），即推动学术与造福社会。凡是有学术价值的一定有社会价值，一定有益于社会，就像一棵大树一定有树荫，一定能庇荫行人。但是，学术成果，尤其是基础学科学术成果的社会价值，不一定都能及时显现。如数学家陈景润关于“哥德巴赫猜想”的学术成果的应用价值，至今也还未揭晓。所以在评价学术成果时要区分基础学科的成果和应用学科的成果。对前者的评价应侧重于学术价值，对后者的评价则应侧重于社会价值。至于学术成果的社会价值或应用价值的有无和大小，则应根据其是否为解决社会各领域的实际问题提供新的、更加便利、更有效益的方法、方案或指导原则来判定。

文章乃经国之大业、不朽之盛事，故为文者，当战战兢兢，如履薄冰，谨慎从事。而评判者，无论是课题成果的鉴定者、论文著作的审稿人，还是出版社、学术期刊的编辑，对待作品和作者都应谦虚、谨慎、爱惜。对作者，要平和友善，绝不可趾高气扬，如人之衣食父母；对作品，要客观公允、耐心细致，慧眼圆睁、不落遗珠，切不可草菅“人命”（文若其人）。如此，方能为文科学术的繁荣添砖加瓦。

【执行编辑：陈新汉】

最好的学术成果是什么？*

韩东屏**

突然想到一个问题，在学术评价而不是社会评价的意义上，最好的学术成果是什么？这是一个前所未有的问题，也是一个有意义的问题。说它前所未有，是在古今中外的思想史上都找不到关于这个问题的论述；不仅如此，在现当代专门研究学术评价的文献中，也看不到这样或类似的议题。

说它有意义，在于这些考虑：一是这个问题一旦被提出，势必会激起人们强烈的求知欲和好奇心，而求知欲和好奇心总是应该尽量得到满足。二是对每个有抱负的学者来说，都有必要知道最好的学术成果是什么，这样才会有不断进取的方向。三是最好的学术成果就是最有价值的学术成果，在知道它是什么之后，其他学术成果的价值位序也能得以呈现，距离最好学术成果越近的学术成果价值就越高，反之就越低。四是如果可以对学术成果做出价值排序，也就可以对学术评价的其他对象，即学者、学术编辑、学术媒体和学术机构（学术研究机构和学术发布机构）进行价值排序，因为对它们学术水平的评价，最初都是根据它们各自推出的学术成果的水平做出的。现在时常有人谈论谁是人类最伟大的思想家的话题，并往往会开列一个名单。但在不知最好学术成果是什么的情况下，这样的名单不管有多少，都难免个人主观色彩，缺乏可信度。然而在有了对最好学术成果的确定之后，就能对之做出可信的判断。五是在有了对所有学术受评对象的价值排序之后，就能由此引申出对它们进行学术评价的具体方法，因为学术评价的实质和关键，正是判断受评对象学术价值的大小。目前学界内广受推崇的学术评价方法是同行评价，但它其实并不是具体的评价方法，最多只是给出了若干用于同

* 本文为国家社会科学基金后期资助项目（项目编号：20FZXB035）阶段性成果。

** 韩东屏，华中科技大学哲学学院教授，主要研究方向为伦理学、价值哲学。

行评价的指标，即科学性、价值性、创造性、先进性、难易度之类，再无其他说明。于是人们仍无法知道，在对学术成果的实际评价活动中，究竟该如何具体地使用这些指标，以及通过哪些步骤才能得出评价结论。并且，由于这些指标含义笼统，弹性太大，边界不清，有所重叠，这就更加令人难以把握。此种困窘，不论中外，概莫能外。[①]因此，不论在国内还是国际学界，同行评价均饱受存在主观随意性和缺乏公正性的诟病，甚至同行评价的倡导者也不加否认。

既然最好的学术成果的问题有以上诸多意义，尤其是最后一种意义对学界来说显得极其重要，这就应该立刻在此开启对它的探讨。而探讨的方法，乃是通过逐步的比较筛选判断，不断收缩探讨目标的范围，直至最终给出准确的答案。

一、首要判断

第一步的比较筛选判断是，在包含学术论文和学术著作的所有的学术成果中，最有学术价值的是问题性成果。“万事开头难”，这步判断可谓首要判断，其结论的得出较为复杂，包含以下多个逻辑演绎环节。

学术成果的种类多种多样，从便于学术评价的角度说，需要用一种以学术成果的研究特点为划分标准的新分类方式，将所有学术成果分为三个类型，即解读性成果、评论性成果和问题性成果。继而，再以理论新意度为价值标准或衡量尺度，判定这三类学术成果的价值排序，问题性成果的价值等级最高，评论性成果的价值等级次之，解读性成果的价值等级又次之。具体判定依据如下述。

解读性成果在内容上属于对某个已有学术成果的介绍、说明、解释、演绎、综述、编写之类，这个特点说明它只是以新的表述方式重复已有的学术成果，只具有表述形式的新意，而没有理论内容的新意，所以它的学术价值等级就相对最低。

① 韩松:《学术论文的评价——评价目的、分类与方法和指标体系》,《法学教育研究》2015 年第 1 期；叶继元:《人文社会科学评价体系探讨》,《南京大学学报（哲学·人文科学·社会科学）》2010 年第 1 期；吴建华、邱均平:《人文社会科学研究评价之国际比较研究》(中),《管理与评价》2008 年第 1 期；郭延飞:《关于高校学术论文评价方法的探讨》,《延安大学学报（社会科学版）》2007 年第 1 期；金虹、张春华、赵德富:《学术论文的评价方法》,《东北电力学院学报》1994 年第 4 期。

评论性成果即文评、书评之类，在内容上是对某个已有学术成果的肯定或否定，或者是既有肯定也有否定，也可以是对两个或若干个已有学术成果做比较研究。如果是肯定性评论，往往会用到特长、优点、价值、意义等词语；如果是否定性评论，往往会用到质疑、商榷、反驳、批判等词语；如果是既有肯定也有否定，或者是做比较性研究，往往会用优缺点、长短处等词语。不论是哪种性质的评论性成果，都不是重复已有学术成果的理论内容，而是讲出了自己对已有学术成果的看法，这就有了一些超出既有学术成果内涵的理论新意，于是其学术价值的等级就明显高于解读性成果。只不过这些理论新意还不是能够独立存在的理论，而是必须依赖于被它评论的对象才能出现和被人理解。

问题性成果在内容上既不是要解读已有学术成果，也不是要评论已有学术成果，而是要对一个或一些学术问题给出以往所未有的解答（如果是重复解答就算不上学术成果），这就必然会在解答问题的过程中形成以往未有的理论，因而它是可以独立存在的新理论。在这个意义上，问题性成果也可称之为“建构性成果”。如是，其理论新意自然又比评论性成果高大许多，这才使它成为三者中具有最高价值等级的学术成果。

不过疑问是：为什么一定要以理论新意度为学术价值标准？这是因为学术评价的目的是要通过呈现受评对象的水平差异，形成激励，以促进学术的发展。而学术的发展，最终只能由新生成的理论来体现和实现。看看人类思想史或各个学科发展史，只有对各种建构性理论的记载，而没有对解读性成果和评论性成果的记载，就足以证明这一点。所以，我们只能以理论新意度为学术价值标准。由于任何新意都是创造的结果，因而新意度也就是创造度；又由于创造出的新意越大，其难度也会越大。这就可知，新意度的标准同时也能反映学术成果的创造度和难易度，三种“度”基本上是一回事，这就不必把后两种度单列出来，也作为评价学术成果的标准或指标。

二、后续判断

相对于第一步的首要判断，后续判断的做出要容易不少。第二步的比较筛选判断是，在所有的问题性成果亦即建构性成果中，理论问题研究成果的学术价值大于应用问题研究成果。这个判断不难理解。理论问题关涉的都是一般性问题，应用问题关涉的则是特殊性问题，因而研究一般性问题形成的一般性理论，在内涵上均大于研究特殊性问题所形成的特殊理论。何况，所谓应用问题研究，岂不就是运用一般性的理论去解决现实中的具体问题？因此，不仅理论问题研究成果的新意要大于应用问题研究成果，而且如果没有研究理论问题所形成的一般理论，也不可能有任何应用问题的研究。尽管应用问题研究成果的现实意义或实用价值往往会比理论问题研究成果大得多，可实际上它们又何尝不是理论问题研究成果的间接作用或间接价值？因此，其实并不需要对学术成果做社会评价。即便一定要做，也应该与学术评价分开去做。

第三步的比较筛选判断是，在所有理论问题研究成果中，基础理论问题或原理问题的研究成果的学术价值要大于非基础理论问题或普通理论问题的研究成果。这个判断更好理解。基础理论作为非基础理论的基础，不仅派生后者，而且其内蕴也大于后者。所以，研究基础理论问题所产生的理论新意必然会大于研究非基础理论问题所产生的理论新意。

第四步的比较筛选判断是，在所有原理问题研究成果中，对规律问题的研究成果的学术价值要大于对其他原理问题的研究。这是因为学术作为求知的术业，是为了认识和把握各种研究对象。而只有当我们掌握了研究对象的规律时，才算是做到了这一点。所以，研究规律问题所产生的理论新意，就比研究其他原理问题所产生的理论新意更多，并且也重要得多。

第五步的比较筛选判断是，在对规律问题的研究成果中，对根本规律的研究成果的学术价值要大于研究其他规律的成果。这是因为根本规律决定并派生其他所有层次的规律，所以只要能够揭示根本规律，自然也就可以合乎逻辑地推论或确证其他一切规律。由于在对根本规律问题的研究之外或之后，再不会有比它更重要、更有学术价值的研究，所以研究根本规律的学术成果，就是所有学术成果中的最好学术成果。在整个世界中，只有人是具有自由意志的存在者的情况，导致了存在着两种不能相互通约的根本规律，一是自然界的根本规律，一是人类社会历史的根本规律，因而最好的学术成果也有两个。从自然科学方面说，最好的学术成果就是对自然界根本规律的研究和揭示；从哲学社会科学方面说，最好的学术成果就是对人类社会历史根本规律的研究和揭示。

最好学术成果的最高学术价值还体现为，在自然界的根本规律得到正确的揭示之后，此前分门别类地从事实层面研究自然各个方面的科学，就会具有同一个基础理论，从而变成一门统一的自然科学。同样，在人类社会历史的根本规律得到正确的揭示之后，此前分门别类地从事实层面研究社会历史各个方面的哲学和科学，也会具有同一个基础理论，从而变成一门统一的社会历史科学（不研究社会历史的分支哲学和从价值层面研究社会历史的哲学不在其中）。可以肯定，一旦学科领域真的出现了这种巨大变化，必然既是对学科建制的重大改善，也会使学科理论的真理性得到大幅提升。这就进一步说明，对根本规律的研究成果，的确堪称最好的学术成果。

有必要做一个说明，本文所说的学术成果都是指其立论可以成立或基本成立的成果，甚至也可以是那种一时还没被发现其立论其实不成立的成果，但绝不包括那些能立刻发现其立论不能成立的学术成果。因为立论不成立的学术成果，就是不合格的学术成果，就不可能还有什么学术价值和学术价值的等级。

三、推　论

如果上述判断不虚，那么就可以推知，在研究根本规律问题的学者中，谁能给出一个无法反驳的回答，从而彻底地解决和结束这个问题，成为超越其他所有回答的范式理论，谁就是人类思想史上最伟大的思想家。

从学界迄今的研究状况看，自然界的根本规律尚未得到揭示，所以自然科学方面的最好学术成果还没有出现。与之不同，回答社会历史领域根本规律问题所形成的理论则从古至今已有不少，依次有神意决定论、自然决定论、理性决定论、生产力决定论、进化决定论、有机体决定论、结构决定论、心灵规律决定论和制度决定论的不同回答，只是还没有一个得到学界的普遍认可。

不过，从理论上合乎逻辑的推论，只有妥善地化解了人的意志自由与规律的必然性的悖论的制度决定论所揭示的社会历史根本规律，才可能是真正的社会历史规律；而其他关于社会历史根本规律的理论，则都因内含这个悖论而无此可能。

由制度决定论所揭示的社会历史根本规律是：“制度决定社会历史。有什么样的制度，就有什么样的社会历史，也就有什么样的社会形态和被这种社会形态总体塑导的人们活动；当制度发生变化时，社会历史也会随之发生变化，也就是由制度建构和决定的社会形态和被制度总体塑导的人们活动的方式方向也会随之发生变化。”①

由于制度是由人即定制者制定的，所以制度决定论实质上是订制者决定论，即定制者通过制定制度决定社会的形态和人们活动的方式方向，亦即历史的走势走向。因此，对定制者来说，当他或他们按照自己的意志制定出的制度行事，就是其自由意志的体现，这就使人的自由意志与社会历史根本规律的必然性得以相容，不再相互冲突。② 不仅于此，用关于这种根本规律的观点理论，既能更好地解释历史中的社会问题，也能更好地解决现实中的社会问题并取得卓越的社会成就。③ 当然，这些推论能否成立和成为学界共识，还有待学者们进行充分的争鸣和辩论。

此外，本文引言部分已说，在有了对什么是最好的学术成果的确认后，还能顺理成章地引申出针对各种受评学术对象的系列具体评价方法。只不过这个内容已不属于本文论题的讨论范围，而且由于它需要有更大的篇幅才能说清，这就只有留待以后另文论述。

【执行编辑：陈新汉】

---

① 韩东屏：《制度的威力》，华中科技大学出版社 2018 年，第 411—412 页。

② 韩东屏：《社会历史哲学》，华中科技大学出版社 2018 年，第 293—294 页；《历史没有规律吗——驳反历史决定论》，《武汉大学学报（人文科学版）》2017 年第 6 期。

③ 韩东屏：《国家治理一维：如何解决社会问题和取得社会成就》，《华中科技大学学报》2015 年第 1 期。

论学术评价的异化及其向度

裴学进*

党的二十大报告提出要“加快实施创新驱动发展战略”，并强调“深化科技体制改革，深化科技评价改革”。[①]而学术评价是科技评价的核心环节，是学术资源分配的基础，在创新驱动中发挥“指挥棒”的作用。因此深入阐释学术评价异化的基本问题，尽快提出克服办法，促进学术健康发展，就有深刻的现实意蕴。

学术评价是指根据一定的目的和标准，采用一定的理论和方法，评判学术成果的价值，激发学术研究主体的创新，促进学术发展的活力。学术成果生成过程的理路决定了学术评价的理路，后者要充分体现前者，二者具有同一性。这是在正常情况下学术成果和学术评价之间的逻辑关系。

具体来说，学术成果生成的根本要求是尽可能接近、逼近自然界、人类社会和思维某一方面（研究对象）的本质或规律，即“求真”，因此学术评价的根本要求是对学术研究在程度、范围等方面接近研究对象所取得成果的一种客观表征和严肃确证，本质上是以真理精神来对作为学术研究的“求真”结果进行的自觉反思，对作为学术研究“求真”结果的再次“求真”，即力求把对学术研究“求真”结果给予客观评定，置放于整个学术发展进程中的合适位置上。之所以把学术评价说成是再次“求真”，是因为“真的认识论意蕴既包括正确的认知也包括正确的评价”[②]，此是其唯一也是最高的追求。因此尽管这两次“求真”中“真”的具体内涵有区别，但贯穿其中的理路基本一致。这也是学术评价中落实党的

* 裴学进，上海财经大学马克思主义学院教授，主要研究方向为价值论。

① 习近平：《高举中国特色社会主义伟大旗帜　为全面建设社会主义现代化国家而团结奋斗——在中国共产党第二十次全国代表大会上的报告》，人民出版社 2022 年，第 35 页。

② 陈新汉：《“真”的双重意蕴及其当代诠释》，《江西社会科学》2012 年第 7 期。

二十大报告提出的“以科学的态度对待科学、以真理的精神追求真理”① 的生动体现。

如果学术评价受到某种因素影响，偏离或者背离对学术研究在接近研究对象的本质或规律程度、范围等方面取得成就的一种客观“显示”和准确“界定”，如反而选择其他目标为导向，并以此来影响、掣肘学术研究本身，此时，学术成果的生成过程和学术评价过程在理路上就会“脱节”，意味着“学术研究与学术评价的同一性终结”②，这大概是学术评价异化的主要根源。因为在马克思看来，异化的一个方面就是工人劳动产品“作为一种与他相异的东西不依赖于他而在他之外存在，并成为同他对立的独立力量”③。延伸至我们的论题，在上述特定情况下，学术评价就成为不依赖于学术成果，并作为与学术成果相对立的一种异己力量。

由于论文是学术成果的主要表达形式，在此以论文作为分析对象。论文评价是学术评价的基本单元，同时也是最为复杂的评价对象。由于目前还没有研制出充分符合其自身特点的评价指标体系，因而“以文评文”一时难以全面实现，本应该沿着这个方向积极探索，努力推进，而现实又日益迫切需要对论文进行各种评定，在这个以及其他因素合力作用下，就出现了“以刊评文”，即根据论文发表的刊物所在级别这个外在因素来确定论文水平的高低，而不主要根据论文在接近研究对象的本质或规律程度、范围等方面取得成就这个内在因素来评判，这便颠倒了学术成果和学术评价的内在逻辑关系，由此就出现了以下三种主要形式的异化。

一、学术评价主体异化

学术评价的主体当然应该是基于学术目标、学术范式、学术旨趣认同的学

① 习近平:《高举中国特色社会主义伟大旗帜　为全面建设社会主义现代化国家而团结奋斗——在中国共产党第二十次全国代表大会上的报告》，人民出版社 2022 年，第 20 页。

② 张耀铭:《学术评价的异化与重建》,《首都师范大学学报（社会科学版）》2020 年第 6 期。

③《马克思恩格斯文集》第 1 卷，人民出版社 2009 年，第 157 页。

术共同体，亦称科学共同体。“它是由学者以专业为基础自愿结成的众多学术团体、学术期刊和学术会议组合而成的。专业性与自律性是其最突出的特点。”① 因此学术共同体对论文评价主要以论文在接近研究对象的本质或规律程度、范围等方面取得成就，即“求真”结果来判定的。由于这种评价虽然在较大程度上保证学术评价的科学性，尤其是充分照顾了各个学科的特殊性，但在具体操作中需要很多支撑条件才能完成，再加上其他因素影响，导致在今天还没有形成严格标准意义上的学术共同体。作为学术评价主体的学术共同体事实上就让位于专业评价机构。目前这类学术机构及其评价标准主要有北京大学图书馆的“中文核心期刊要目总览”、南京大学中国社会科学研究评价中心的“中文社会科学引文索引”（CSSCI）、中国社会科学评价研究院的“中国人文社会科学期刊综合评价指标体系”（AMI）等。上述这些专业评价机构通过给刊物划分等级，从而间接履行着给发表于刊物上的论文进行学术评价的功能，于是学术主体置换的完成，也是学术评价异化的形成。

其一，人员构成的特殊性。这些机构几乎均由从事文献情报工作的员工以及其他行政人员组成，除了其本专业以外，基本不是任何学术共同体的成员。其二，价值导向的外在化。这些机构主要以为政府服务或被政府认可这个外在因素为导向，不主要以论文“求真”的水平等内在因素作为判定的依据。尽管上述两者之间不是根本对立的，但侧重点有较大差别是毋庸讳言的。其三，结果呈现的等级化。“其主打产品即对学术期刊进行分等分级的排行榜和排名表”②，以迎合某些附加在学术成果之外的迫切需要。从一定意义上来说，正是这些附加在学术之外的需要构成了这些学术评价机构得以存在和发展的根本因素之一。此外，这些学术评价机构或隶属于大学，或附属于中国社会科学院等机构，对上级机构有物质需求等多方面依赖，由此受行政权力等各种因素影响大，不是完全独立的第三方。它们不是合适的学术评价主体，也就难以恪守真理精神来评价期刊以及发表于刊物中的论文。因此这些学术机构在学术评价中发挥的作用越大，异化就越严重。

---

① 李剑鸣：《自律的学术共同体与合理的学术评价》，《清华大学学报（哲学社会科学版）》2014 年第 4 期。

② 朱剑：《科研体制与学术评价之关系》，《清华大学学报（哲学社会科学版）》2015 年第 1 期。

二、“核心期刊”功能的异化

近年来，伴随着学术事业迅猛发展，对学术评价需要日益加强，由此“以刊评文”现象就愈演愈烈。“核心期刊”在学术评价方面的地位显著提升，其功能大大超出了其最初的边界，发生了显著异化。其一，从核心期刊最初含义来看，学术期刊在诞生之初“主要有学术成果的展示、传播和学者之间的交流与对话两方面”① 作用。在 1934 年英国文献计量学家布拉德福揭示了文献集中与分散的规律，即表明期刊可能存在“核心效应”，后来“核心期刊”概念得以流行，由此也导致了学术期刊评价功能逐渐得到强化，而其交流与传播功能却显著弱化。布拉德福本意强调的是核心期刊与文献分布的多少有关，而不是期刊质量的高低，故与等级评价划定无关。而目前，我国的核心期刊则与等级评定紧密相连。其二，“核心期刊”实质上是以过去的文评现在的刊，以现在的刊评未来的文。也就是过去那些把学术期刊抬升到“核心期刊”档次的论文，却不是当时核心期刊论文；而那些还没有任何贡献的发表在“核心期刊”上的论文，反倒坐享其成地成了核心期刊论文。其三，期刊评价等级化支配学术共同体的行为走向，而不是相反。期刊核心化（含核心后的不同等级）以及叠加之上的社会效应刺激了学术研究中的各种不良倾向。

三、影响因子的运用异化

“影响因子”是由美国文献学家尤金 · 加菲尔德提出的，是指一份期刊前两年发表的“源刊文本”在这个年度的被引用总数除以这个期刊在前两年所发表的“引用项”数。尤金 · 加菲尔德据此在 1964 年发布“科学引文索引”（SCI 报告），1973 年发布“社会科学引文索引”（SSCI 报告），1976 年发布“艺术与人文引文索引”（A&HCI 报告），构成了美国科学情报研究所（简称 ISI）的三大核心数据库。借助于这些数据库，通过对参考文献的标引和统计，可以在期刊层面衡

① 张耀铭：《学术评价的异化与重建》，《首都师范大学学报（社会科学版）》2020 年第 6 期。

量某项研究的影响力，显示出引用和被引期刊之间的相互关系，从而让影响因子在学术评价中发挥特殊积极作用，但它也有不利影响。因此，作为一个学术评价方法，其在受到崇拜的同时，也一直受到批判，此为其在国外的真实图景。

影响因子引进被仿制后的中文产品是南京大学中国社会科学研究评价中心研制的“中文社会科学引文索引”（CSSCI）。CSSCI来源期刊发展至今，成为中国影响最大的人文社会科学类论文的评价标准，从初期的数据库的服务职能转型为评价体系之考评职能，也日益受到学术界和社会的猛烈批评。尽管在编制新版目录时，已经作了不少改进，但依然成为众矢之的。一方面，主体资格问题。CSSCI是一个用于引文分析的数据库产品，并不具有独立的学术期刊评价功能，更不具有独立的学术评价主体的资格。另一方面，使用方法问题。CSSCI评价是以各种数据为基本依据而制定的评价标准，评价过程是对评审对象的“比”而非“评”，“比”是对高与低、优与劣等基于形式的量的比较，而非对期刊学术价值的质的评价。这种评价与排序，“名为评价实为评比，就可能将一些不可比或难可比的要素排斥在外，用统一的标准来比较不同研究对象、不同研究方法、受不同传统习惯的影响而表现出的不同形式的学术研究成果及其特点各异的表述方式，其公平性就很难掌握”①，对那些难以用数据来表达的学术成果尤其如此。此外，影响因子可以用策略性操作来调控，极大削弱了其作为一个独立指标在学术评价中的作用。

【执行编辑：陈新汉】

① 沈固朝：《期刊评价与学术评价中的CSSCI》，《澳门理工学报（人文社会科学版）》2017年第3期。

社会主义核心价值观研究

Research on Core Socialist Values

社会主义核心价值观铸魂育人的现实化路径

唐志龙*

【摘　要】坚持用社会主义核心价值观铸魂育人，是深入贯彻落实党的二十大精神的新时代诉求，也是价值论研究与实践的重大课题。其现实化路径主要有三个方面，即传承红色基因、注重家风家训、构建校园平台。实践中只有进一步厘清社会、家庭、学校的育人职责，促进三方各展优势、密切配合，形成支持与促进的良性互动，才能切实增强育人合力，推动社会主义核心价值观铸魂育人的高质量发展。

【关键词】社会主义核心价值观；铸魂育人；党的二十大精神；现实化

铸魂育人是习近平总书记在系列重要讲话中所提出，是贯彻马克思主义理论的灵魂工程、固本工程与战略工程，是当前意识形态建设的重大课题，也是价值论研究与实践的重要命题。培育和践行社会主义核心价值观，是党的十八大以来反复强调的重大战略任务。党的十九届六中全会决议明确要求："党坚持以社会主义核心价值观引领文化建设，注重用社会主义先进文化、革命文化、中华优秀传统文化培根铸魂。"① 党的二十大报告再次强调："用社会主义核心价值观铸魂育人，完善思想政治工作体系，推进大中小学思想政治教育一体化建设。"② 理论与实践结合，认真探索社会主义核心价值观铸魂育人的现实化路径，对于深入学

* 唐志龙，国防大学政治学院教授、博士生导师，主要从事马克思主义理论和价值哲学研究。

① 《中共中央关于党的百年奋斗重大成就和历史经验的决议》，《人民日报》2021 年 11 月 17 日。

② 习近平：《高举中国特色社会主义伟大旗帜　为全面建设社会主义现代化国家而团结奋斗》，《人民日报》2022 年 10 月 26 日。

习贯彻党的二十大精神，进一步拓展价值论研究视阈，颇有必要。

众所周知，世界观、人生观、价值观，时空维度从大到小、从外到内，是人们思想意识最高层次，是人类认识和实践的系统总结及理论提升，反过来又参与和指导认识和实践。“三观”虽相对独立，各有区别与侧重；但又密切联系，本质相通，内在统一。党的二十大报告指出：“加强理想信念教育，引导全党牢记党的宗旨，解决好世界观、人生观、价值观这个总开关问题，自觉做共产主义远大理想和中国特色社会主义共同理想的坚定信仰者和忠实实践者。”① 同时应该看到，“三观”中价值观最为关键，直接而具体引领着人的一切现实活动。因此，习近平总书记于同年 5 月 4 日在同北大师生座谈时指出：青年人抓好价值观养成十分重要，“这就像穿衣服扣扣子一样，如果第一粒扣子扣错了，剩余的扣子都会扣错。人生的扣子从一开始就要扣好”②。显然，价值观直接与世界观、人生观密切联系，渗透现实生活各个领域，人们的信念、信仰、追求和理想等，都属于价值观的范畴。

价值观是人们关于价值的一定信念、倾向、主张和态度的基本观点。它是关于价值观念的完整系统，即对价值问题所持的立场、观点、态度之总和，包括价值认知、价值取向、价值评价、价值选择等。简言之，价值观是人们对好坏、利害、善恶、美丑的基本看法，成为对客观事物的一种评价标准、判断标准和取舍标准。一定价值观受一定生产关系（经济基础）决定，又反作用于经济基础。每个社会中都有多种价值观，即多元价值观，因社会有多种经济成分之缘故。在各种价值观中居核心地位、起主导和统领作用者为核心价值观，即一元价值观或主导价值观。习近平总书记指出：“核心价值观，承载着一个民族、一个国家的精神追求，体现着一个社会评判是非曲直的价值标准。”③ 任何社会都有核心价值观，以维持正常秩序与运转。这种核心价值观是在统治阶级主导下形成的，中国封建社会的“三纲五常”，西方资产阶级的“自由、平等、博爱”等，均是如此。新中国成立后，我们党坚持马克思主义指导地位，坚持和弘扬伟大的革命精神，

① 《习近平著作选读》第一卷，人民出版社 2023 年，第 53 页。

② 《习近平谈治国理政》，外文出版社 2014 年，第 172 页。

③ 《习近平谈治国理政》，外文出版社 2014 年，第 168 页。

继承和发展中华优秀传统文化，吸收和借鉴世界文明先进成果，爱国主义、集体主义、社会主义思想观念深入人心，成为核心价值观的重要内容。党的十八大明确倡导的“富强、民主、文明、和谐、自由、平等、公正、法治、爱国、敬业、诚信、友善”的社会主义核心价值观，是当代中国的精神旗帜，是社会主义意识形态的本质体现，是全党全国人民团结奋斗的共同思想基石，是国家文化软实力的关键要素。24 字从国家、社会及个人三个层次，彰显社会主义核心价值观的基本内容，是完整有机统一体。习近平总书记指出：“我们要在全社会牢固树立社会主义核心价值观，全体人民一起努力，通过持之以恒的奋斗，把我们的国家建设得更加富强、更加民主、更加文明、更加和谐、更加美丽，让中华民族以更加自信、更加自强的姿态屹立于世界民族之林。”① 在党的二十大报告中他进一步要求：“广泛践行社会主义核心价值观。社会主义核心价值观是凝聚人心、汇聚民力的强大力量。”② 拙以为，践行社会主义核心价值观铸魂育人的现实化路径，主要有三个方面：

首先，传承红色基因。红色基因是中国共产党人永葆本色的生命密码，根植于共产党人的血脉中，成为遗传因子，体现了历史自信与使命担当，也是全社会都应该高度重视的时代课题。党的十八大以来，习近平总书记在多种场合强调传承红色基因，深入开展社会主义核心价值观教育，走好新的赶考之路。党的二十大报告指出：“弘扬以伟大建党精神为源头的中国共产党人精神谱系，用好红色资源，深入开展社会主义核心价值观宣传教育，深化爱国主义、集体主义、社会主义教育，着力培养担当民族复兴大任的时代新人。”③ 对共产党人而言，红色基因主要包括崇高信仰、爱党爱国、自强不息、无私奉献等。其载体也可叫红色资源，可分为两种类型：一是实体型，诸如一大会址、嘉兴红船、北大红楼、瑞金、井冈山、遵义、延安、西柏坡等，因为“红色”而典藏了历史；二是精神型，诸如建党精神、红军精神、长征精神、抗战精神、红岩精神、抗美援朝精神、雷锋精神、焦裕禄精神、抗洪抢险精神、抗震救灾精神、载人航天精神及一

---

① 《习近平谈治国理政》，外文出版社 2014 年，第 169 页。

②③ 习近平：《高举中国特色社会主义伟大旗帜 为全面建设社会主义现代化国家而团结奋斗》，《人民日报》2022 年 10 月 26 日。

系列红色文化等。红色基因凸显了中华民族精神纽带、不忘初心内在需要、理想信念稳固基石、革命本色赓续之根。习近平总书记多次阐明，革命博物馆、纪念馆、烈士陵园等是党和国家的红色基因库。要讲好党的故事、革命的故事、根据地的故事、英雄和烈士的故事，加强革命传统教育、爱国主义教育、青少年思想道德教育，把红色基因传承好，确保红色江山永不变色。2021 年 7 月，他在庆祝我们党成立 100 周年大会上讲话时特别强调："历史川流不息，精神代代相传。我们要继续弘扬光荣传统、赓续红色血脉，永远把伟大建党精神继承下去、发扬光大！"①

其次，注重家风家训。家庭是社会基本细胞，是人生第一所学校，家长必定成为孩子第一任老师。因此，注重家庭建设，为子女健康成长创造良好内部环境，是每个家庭的应尽之责，其中重要者当数家风家训教育。家风指家庭或家族的传统风气、风尚、风格；家训指家庭或家族对子孙立身处世、持家治业的教诲与训条，两者有机统一。家训以文字为载体表征思想层面的诉求，家风则表露于实践层面，成为家训的外化或现实化。家风家训是共性与个性有机统一。共性指每个家庭都有，不一定系统化、理论化、文字化；个性指每家的家风家训具有多样性、具体性特点，并非一个模式。中华民族历来重视家庭，认为"天下之本在国，国之本在家"，家和万事兴，千家万户都好，国家才能好，民族才能好。党的十八大以来，习近平总书记在不同场合多次谈到培育和践行社会主义核心价值观，要注重家教家风建设。他指出："家风是社会风气的重要组成部分。家庭不只是人们身体的住处，更是人们心灵的归宿。家风好，就能家道兴盛、和顺美满；家风差，难免殃及子孙、贻害社会，正所谓'积善之家，必有余庆；积不善之家，必有余殃'。"② 古今中外，概莫能外。同时，我们党十分重视领导干部良好家风的正能量价值。习近平总书记指出："各级领导干部要带头抓好家风。《礼记 · 大学》中说：'所谓治国必先齐其家者，其家不可教而能教人者，无之。'领导干部的家风，不仅关系自己的家庭，而且关系党风政风。"③ 他号召大家要继承

① 《习近平著作选读》第二卷，人民出版社 2023 年，第 480 页。

② 《习近平著作选读》第一卷，人民出版社 2023 年，第 546 页。

③ 《习近平著作选读》第一卷，人民出版社 2023 年，第 547 页。

和弘扬中华优秀传统文化，继承和弘扬革命前辈的红色家风，向焦裕禄、谷文昌、杨善洲等同志学习，做家风建设的表率，把修身、齐家落到实处，为提高全社会文明程度和良好风气积极塑造人格典范。

最后，构建校园平台。正式踏入社会生活与工作前，人们一般都要进入学校接受各种教育，校园文化环境与教育内容尤其显得重要。学校要把立德树人成效作为检验一切工作的根本标准，积极引导青少年自觉践行社会主义核心价值观，真正做到以文化人、以德育人。学校要组织好广大教育工作者，认真搞好顶层设计，通过搭建“多位一体”的协同教育平台，全力打造社会主义核心价值观教育的“育人共同体”方阵，形成“全景协同、全域推进、全程优化、全员育人”的大格局。一是坚持底蕴育人，构建“文化自信”与“历史自信”相统一的信念平台。党的二十大主题强调，要弘扬伟大建党精神，自信自强、守正创新。自信不仅包括了以文化为基础的“四个自信”，还包括了历史自信。文化自信可直接促进人们对民族文化的价值认同，为思政课建设提供深厚力量，也为社会主义核心价值观教育拓展了直接而现实的内容。历史自信是党和人民源于自身恢宏历史纵深的领悟，是对既有文明进程、百年奋斗历程、伟大复兴征程及人类发展前程所秉持的深厚高远且持久翔实之信仰、信念与信心，必定成为社会主义核心价值观教育的思想着重点、实践着力点。党的二十大报告对此进行了科学阐明，着重指出：我们要“坚持创造性转化、创新性发展，以社会主义核心价值观为引领，发展社会主义先进文化，弘扬革命文化，传承中华优秀传统文化，满足人民日益增长的精神文化需求，巩固全党全国各族人民团结奋斗的共同思想基础，不断提升国家文化软实力和中华文化影响力”①。二是坚持课程育人：构建“思政课程”与“课程思政”相统一的知识平台。知识是树立核心价值观的重要基础，课程是传授知识与品德的基本平台。思政课程主要从知识探究、价值引领、人格养成和能力建设多重维度着手，把准方向、讲清道理、精准对接思想困惑与理论诉求，引导学生自觉践行社会主义核心价值观。课程思政要求，挖掘所有课程的育德元素与育人功能，整合不同学科资源，多措并举，将社会主义核心价值观融入各类课

① 习近平：《高举中国特色社会主义伟大旗帜　为全面建设社会主义现代化国家而团结奋斗》，《人民日报》2022年10月26日。

程，使其在思政课体系上相互配合，内容上融会贯通，方式上协同并进，评价上切实彰显，形成全课程统一育人大格局。习近平总书记多次强调，思想政治理论课要用新时代中国特色社会主义思想铸魂育人，贯彻党的教育方针落实立德树人根本任务。习近平总书记多次指出，思想政治理论课要用新时代中国特色社会主义思想铸魂育人，贯彻党的教育方针，落实立德树人根本任务，强调坚持价值性和知识性相统一，寓价值观引导于知识传授之中；坚持显性教育和隐性教育相统一，挖掘其他课程和教学方式中蕴含的思想政治教育资源，实现全员全程全方位育人等。三是坚持网络育人：构建“有形资源”与“无形资源”相统一的生态平台。有形资源即建立共建共享的云数据库，收集整理红色基因场景图例、优秀的价值观课程素材、经典案例、时代楷模事迹等，让大家共享社会主义核心价值观教育领域的优质生态。无形资源即培育共言共传的网络话语，坚持理论深度、实践力度、情感温度、网络热度并重，提升话语表达的大众性。在互联网占据信息传播主导地位的今天，网络已成思想政治教育和社会主义核心价值观教育协同机制的重要载体。党的二十大报告指出：“加强全媒体传播体系建设，塑造主流舆论新格局。健全网络综合治理体系，推动形成良好网络生态。”[①] 这样才能让“网上自我教育”与“网下指导引领”互联互通，让“网络虚拟体验”与“网下学习提升”互联互通，让“网络心理咨询辅导”与“网下教育管理”互联互通，达到拓展联通育人体系之目的。此外，还必须坚持实践育人，构建“有字之书”与“无字之书”相统一的践履平台，使人们对社会主义核心价值观达到“知、信、行”合一，实现教育平台的多元化、开放化，教育过程的日常化、形象化，教育效果的具体化，现实化。

还需要指出的是，铸魂育人目的是在学校、家庭及全社会对社会主义核心价值观产生“共识”和“合力”，达到理论选择与实践认同相统一。它包含两方面任务：理论上对社会主义核心价值合理选择，实践上使社会主义核心价值观成为人们的共识与行动。现实化过程中，必须贯彻落实协同性原则。就在我国继“十四五”规划、2035 年远景目标纲要以及党的二十大报告中确定健全完善学

① 习近平：《高举中国特色社会主义伟大旗帜　为全面建设社会主义现代化国家而团结奋斗》，《人民日报》2022 年 10 月 26 日。

校家庭社会协同育人机制的任务后，2023 年 1 月 19 日，教育部、中共中央宣传部、全国妇联、共青团中央等十三部门联合发布了《关于健全学校家庭社会协同育人机制的意见》。该《意见》明确指出，坚持以习近平新时代中国特色社会主义思想为指导，认真贯彻落实习近平总书记关于教育和注重家庭家教家风建设的重要论述，学校充分发挥协同育人主导作用，家长切实履行家庭教育主体责任，社会有效支持服务全面育人。这种“三位一体”的协同育人机制，当然也必须贯彻落实于社会主义核心价值观铸魂育人全过程之中。我们只有进一步厘清学校、家庭、社会的育人职责，促进三方各展优势、密切配合，形成支持与促进的良性互动，才能切实增强育人合力，不断健全协同育人机制，推动社会主义核心价值观铸魂育人的高质量发展，让实践之花开遍神州大地，结出累累硕果。

【执行编辑：刘　冰】

价值论基础理论研究

Research on Basic Theory of Value

全人类共同价值的理论溯源与当代观照*

常臣尤**

【摘　要】哲学上的“价值”是“全人类共同价值”的基础，尽管马克思没有给予价值一般概念以明确界定，但从他与瓦格纳等人论战中，可以梳理出马克思对价值一般问题的基本理解以及价值一般所应当遵守的研究理路，并以此指导我们准确把握“全人类共同价值”的生成逻辑与理论特征，这对推动“全人类共同价值”高质量研究，打破西方的霸权话语体系具有十分重要的意义。

【关键词】价值一般；使用价值；价值；全人类共同价值；实践

2015年9月28日，习近平总书记在第七十届联合国大会一般性辩论中发表的题为“携手构建合作共赢新伙伴 同心打造人类命运共同体”的讲话中指出，当前世界正处于加速演变的历史时期，世界多极化、经济全球化、社会信息化，各国联系愈发紧密，并提出“和平、发展、公平、正义、民主、自由，是全人类的共同价值”的论断。[①] 党的二十大更是将“全人类共同价值”写入党章。“全人类共同价值”是习近平新时代中国特色社会主义思想的重要组成部分，是以习近平同志为核心的党中央把马克思主义基本原理同中国具体实际相结合、同中华优秀传统文化相结合的重大理论创新成果，是当代中国马克思主义、21世纪马克思主义。

* 本文为云南省教育厅科学研究基金教师类项目“新时代家风建设观融入高校思政课教学研究”（项目编号：2023J0069）、云南大学马克思主义学院哲学社会科学规划项目“马克思主义价值论视阈下全人类共同价值研究”阶段性成果。

** 常臣尤，云南大学马克思主义学院讲师，主要研究方向为马克思主义哲学、中国传统哲学等。

① 习近平：《论坚持推动构建人类命运共同体》，中央文献出版社2018年，第253页。

推动“全人类共同价值”高质量研究，打破西方价值话语权，建立价值自觉和学术话语权，防止“沦为西方学术思想与理论范式的搬运工、传声筒”①，构建面向现代化、面向世界、面向未来的价值体系，是全面建设社会主义现代化国家的必然要求。基于此，本文尝试回溯至马克思对价值一般相关论述中，凝练价值一般所应当遵守的研究理路，并实现“全人类共同价值”的理论溯源，科学理解“全人类共同价值”的生成逻辑与理论特征。

一、马克思对“价值一般就是使用价值”的否证

全人类共同价值的基础概念是“价值”，即“价值一般”。“坚持马克思主义基本原理不动摇”意味着我们要从马克思的原著中去寻找全人类共同价值的理论源头——“价值一般”。众所周知，马克思并未确切提出过“价值一般”概念，以致国内许多学者将马克思的“价值一般”等同于马克思的使用价值，这恰恰是马克思所明确反对的观点。通过梳理马克思对这一观点的否证，我们可以推理出马克思对于“价值一般”的基本理解。

马克思在《评阿·瓦格纳的“政治经济学教科书”》中的一句话引起了中国学术界对于价值一般的思考：“如果说，‘按照德语的用法’，这就是指物被‘赋予价值’，那就证明：‘价值’这个普遍的概念是从人们对待满足他们需要的外界物的关系中产生的。”② 由于马克思原文本并不是为了正式出版而进行的写作，同时也大量采用了反讽等语言，导致了文本的晦涩与后人解读的混乱。有学者认为，这段话代表着马克思对价值一般概念的界定，因其与马克思的“人们奋斗所争取的一切，都同他们的利益有关”③ 意思相一致，可等同于使用价值，如陈依元提出：“作为哲学研究的对象的价值，不同于作为人类劳动凝结的商品的‘价值’，但却可以相当于商品的或物的‘使用价值’。”④ 而郝晓光1986年在《光明日报》上对此质疑与批评，认为马克思的这句话实际上是引用瓦格纳的论述以指

① 李永胜：《论共同价值的几个问题》，《吉首大学学报（社会科学版）》2019年第3期。

② 《马克思恩格斯全集》第19卷，人民出版社1963年，第406页。

③ 《马克思恩格斯全集》第1卷，人民出版社1956年，第82页。

④ 陈依元：《关于价值、价值认识和价值真理的哲学探讨》，《哲学动态》1984年第6期。

出其逻辑悖论，并非马克思本意，甚至有人声称“不能因为我们今天需要研究价值一般，就非得从马克思那里寻找价值一般的根据”[①]。这句话是否可以当作马克思对于价值一般的定义被李德顺称为“学术公案”，并持续至今。

马克思对瓦格纳的批判主要集中在三点。其一，瓦格纳脱离社会现实将抽象的价值关系取代具体的价值关系，瓦格纳认为外部事物必然具有“财物”这一属性，声称“人的自然愿望，是要清楚地认识和了解内部和外部的财物对他的需要的关系”[②]，人们对外界物进行“估价”量化，赋予其价值属性，因此“价值一般指的是什么，按照德语的用法，这应该是指使用价值”[③]。瓦格纳认为外部的“财物”属性先于人而存在，即作为理论关系的价值关系是先于人而存在的，并且人运用这种价值观念产生了使用价值。其二，瓦格纳在他的价值主体定义中说“人的自然愿望”，这里的人只是脱离现实抽象的主体，或者说“孤立地站在自然面前的人”，但是一旦瓦格纳试图把这一定义放到整个人类社会中就会发现，他所思考的仅仅是“原子式的个人”，消极处于自然界中的个人，那么，人与动物将毫无区别，自然的人与动物都是有需要的（但是自然的人没有需要意识）。其三，德语中“价值”一词的发展，导致了瓦格纳将两者混淆，“这个德国人（瓦格纳）的全部蠢话的唯一的明显根据是，价值［Wert］或值［Würde］这两个词最初用于有用物本身，这种有用物在它们成为商品以前早就存在，甚至作为‘劳动产品’而存在。但是这同商品‘价值’的科学定义毫无共同之点”[④]。Wert的对象起初并不是商品，而是泛指一切令人珍视、重视的事物，确切地说，它只是“值”或“值得”，也就是我们理解的价值一般。当商品经济产生之后，经济思维对人类生活的侵入，用以进行经济分析的使用价值，逐渐“代替”原先的价值。瓦格纳在自己论述中的做法是先将使用价值视为价值，并对此“胡说一通”，后来发现自己说的还是使用价值，就把“使用”二字按回去，并声称价值一般就是使用价值。但是我们从下图可以看出，瓦格纳的这种混乱核心在于两点，其中一点[⑤]就是将经济学的使用价值等于最初的价值一般，但是这一点正是我们当代解释马

---

① 朱平:《“价值……是从人们对待满足他们需要的外界物的关系中产生的”吗？——读马克思的〈评阿·瓦格纳的“政治经济学教科书”〉及相关论著》,《高校理论战线》2002年第12期。

②③ 《马克思恩格斯全集》第19卷，人民出版社1963年，第404页。

④ 《马克思恩格斯全集》第19卷，人民出版社1963年，第416页。

⑤ 另一点是他将经济学的使用价值等于价值，看不到价值与价格之间的区别。

克思价值一般的误区，即我们用经济学的概念去等同价值一般概念，这也正是马克思所明确反对的！①

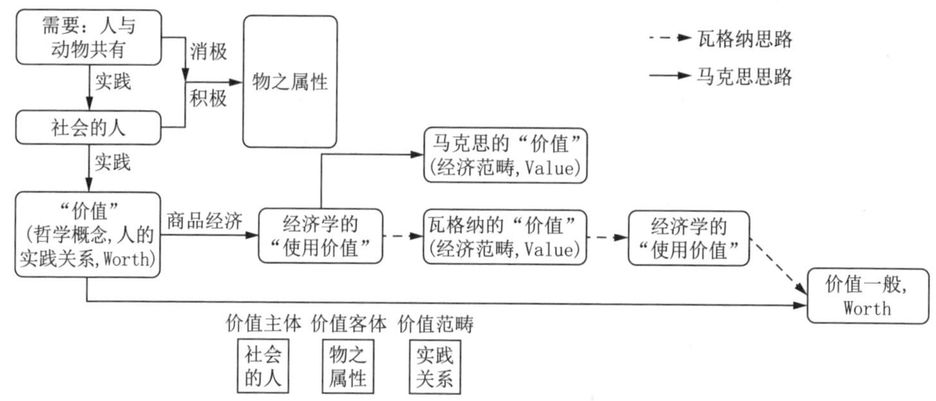

作为自然存在的动物与人都是有一定需要的，马克思从未否认过这一点，"正如任何动物一样……人和野兽也就学会'从理论上'把能满足他们需要的外界物同一切其他的外界物区别开来"②。需要并不构成人与动物的区别。人与动物的区别在于，动物在自然界前所采取的行动是一种"不自觉的有目的活动"③，动物与自然界处于"联系"之中。最初人类也与自然界处于联系中，但是随着自我意识觉醒后，基于对自我存在与客体属性的认知开始采取的"积极地活动"，"生产主要是为了使用价值，为了本人的直接需要"，④"一当人们自己开始生产他们所必需的生活资料的时候……他们就开始把自己和动物区别开来"⑤。社会成为人生存活动的特有方式，"人是最名副其实的社会动物……孤立的一个人在社会之外进行生产——这是罕见的事"⑥。人类开始脱离这种自然本性，与自然界开始

① 不过值得庆幸的是，我们的教科书已经认识到这个问题，2013年版的《马克思主义基本原理概论》认为"哲学上的'价值'是解释外部客观世界对满足人的需要的意义关系的范畴，是指具有特定属性的客体对于主体需要的意义……即外部客观世界的事物（客体）对于人（主体）的需要满足与否（意义）的关系"，在2018年版的《马克思主义基本原理概论》已经改为"作为哲学范畴，价值是指在实践基础上形成的主体和客体之间的意义关系，是客体对个人、群体乃至整个社会的生活和活动所具有的积极意义"，但是依旧没有在定义上表达出马克思的全部观点。

②《马克思恩格斯全集》第19卷，人民出版社1963年，第405页。

③《马克思恩格斯全集》第20卷，人民出版社1971年，第78页。

④《马克思恩格斯全集》第25卷，人民出版社1974年，第940页。

⑤《马克思恩格斯全集》第3卷，人民出版社1960年，第24页。

⑥《马克思恩格斯全集》第12卷，人民出版社1962年，第734页。

处于“关系”中，在马克思那里，“凡是有某种关系存在的地方，这种关系都是为我而存在的；动物不对什么东西发生‘关系’，而且根本没有‘关系’”①。“关系”一词本就包含了以人的自我意识为核心的社会实践性。因此，价值作为一种关系范畴也就包含了这种特性。那么，使用价值是不是哲学上的关系范畴？或者我们是否可以将经济学的使用价值等同哲学的使用价值（或价值一般）？

第一，如果说，我们把马克思在经济学上的使用价值等同于价值一般，作为一种“为我”关系，那么按照马克思的观点，它必然包含着一种社会实践性。的确，按照马克思的论述“劳动作为使用价值的创造者，作为有用劳动，是不以一切社会形式为转移的人类生存条件，是人和自然之间的物质变换即人类生活得以实现的永恒的自然必然性”②，这里将使用价值等同于价值一般是合理的。但是马克思在《资本论》第一章指出“有使用价值之物，可以无（经济学的）价值。对人类有效用但非起源于劳动之物，便是这样”③，这已经暗含了一物可以具有使用价值，且没有劳动附着。如果说使用价值就是价值一般，作为一种实践关系，那么使用价值怎么能与劳动相分离？那么岂不是与马克思的关系说——人从本质就规定了实践必是为了创造价值一般——彻底相悖。由此可见，本段的前一句话中的使用价值实际上指的是哲学意义上的使用价值，即价值一般，后一句话中的使用价值特指经济学的使用价值。

第二，马克思在《资本论》中认为：“每一种有用物……都是许多属性的总和，因此可以在不同的方面有用……物的有用性使物成为使用价值。”④但是从哲学上来看，价值一般的对象应当是客体，更进一步来说应当是客体之属性，“假如商品能说话，它们会说：我们的使用价值也许使人们感到兴趣。作为物，我们没有使用价值”⑤。人在实践中首先需要把握事物的属性以区别于他物，并将这种能够满足人需要的客体属性称之为有用性，但是有用性并不是事物本身的客观属性，只是它在人们从实践到观念中的意义赋予，马克思反驳瓦格纳的第一点便是

① 《马克思恩格斯全集》第 3 卷，人民出版社 1960 年，第 34 页。

② 《马克思恩格斯全集》第 23 卷，人民出版社 1972 年，第 56 页。

③ 马克思：《资本论》第一卷，郭大力、王亚南译，上海三联书店 2011 年，第 5 页。

④ 《马克思恩格斯全集》第 23 卷，人民出版社 1972 年，第 48 页。

⑤ 《马克思恩格斯全集》第 23 卷，人民出版社 1972 年，第 100 页。

瓦格纳把这种有用性认为是先天存在的，那么使用价值的价值对象与价值一般的对象本就是不同的。

第三，马克思明确说明他的经济学的使用价值并不涉及社会关系——“使用价值虽然是社会需要的对象，因而处在社会联系之中，但是并不反映任何社会生产关系”①。可是在马克思批判瓦格纳的价值一般思路时，明确表明作为价值主体的人应当是处在一定社会现实中的人，孤立地站在自然面前的人根本没有任何需要。马克思的使用价值只是反映自然关系，它只是表达商品的某个属性，②不是哲学普遍意义上“所是”的概念分析。马克思明确反对这种抽象的人的价值一般，甚至可以说，只存在于使用价值中的主体是不存在的，由使用价值得来的价值一般解决不了任何问题，因为不存在任何纯粹的、自然的人！那么可以看出使用价值并不包含价值一般所应当指向的价值主体。

实际上，马克思本人也多次强调“使用价值”只是他为了进行经济分析所引入的经济学概念，“它（使用价值）是受商品体的性质限制着的，故离商品体，即不存在”③。马克思的使用价值一直都是置于“商品”这一范畴下提出的。“我的出发点是劳动产品在现代社会所表现的最简单的社会形式，这就是‘商品’。我分析商品，并且最先是在它所表现的形式上加以分析。在这里我发现，一方面，商品按其自然形式是使用物，或使用价值……”④也就是说，若脱离一定经济结构，使用价值这个概念根本是不存在的。

二、马克思主义价值一般研究理路

尽管马克思明确反对将价值一般等同于使用价值，但是这并不意味着我们要彻底脱离马克思经济学的价值与使用价值的论述去理解价值一般。价值是历史

---

① 《马克思恩格斯全集》第13卷，人民出版社1962年，第16页。

② 需要注意到的是，马克思多次强调，自己的使用价值只是面对商品而言，但在非正式的写作中为了突出使用价值表达商品的自然属性，用了比较含糊的语言。例如在其《资本论》第一卷提纲中是这么说的：“使用价值存在于一切社会形态下。”实际上，人开始生产商品的使用价值是“从家庭劳动创造出的产品除了维持自身生活的需要尚有剩余的时候开始”。

③ 马克思:《资本论》第一卷，郭大力、王亚南译，上海三联书店2011年，第2页。

④ 《马克思恩格斯全集》第19卷，人民出版社1963年，第412页。

维度下向前运动的图式，而不是仅仅突出实践的平行运动图式。也就是说，价值是人类在超越此在的建构的过程，终点是人的全面发展。马克思的《资本论》也是基于此阐述的，力图打破在社会的人身上的资本枷锁。一些学者甚至走向了反面，声称在政治经济等范围内谈论价值一般是无意义的，恰恰割裂了马克思主义理论的总体性。马克思的价值一般必须延续着马克思唯物辩证法的总体性思路，同时也要从马克思政治经济学中的使用价值汲取一定的经验。例如马克思在论述使用价值时，也曾提到过其社会历史性、有用物作为性质集合体以及通过使用价值等对于现实社会的揭示达到人的全面发展的价值理想等。如果说要依据马克思的总体思路对价值一般初步下一个定义的话，我们可以根据《评阿·瓦格纳的"政治经济学教科书"》中对人类价值一般的形成过程的描述来进行初步探索：价值是事物的属性与在一定的社会联系中的人的关系。

首先，马克思主义哲学上的"价值"是实践的产物。马克思对瓦格纳将人的社会性生产活动"实践关系"曲解为认识论上的抽象"理论关系"（也就是他所认为的价值关系）展开了猛烈抨击，提出价值并不是某种先天存在，而是在人现实的实践中产生，"物，'使用价值'，只是当做人类劳动的物化"①，这里加上引号的"使用价值"实际上指的就是价值一般，价值一般表达的即是以物为人存在的实践关系。自我意识是马克思实践哲学的逻辑起点，人在对象化的活动中逐渐形成了独属于人的自我意识，"认识你自己"即认识自己的需要，人满足自身存在的物质资料生产是最为基础的实践活动，"人们实际上首先是占有外界物作为满足自己本身需要的资料"②。马克思认为，只有具体的人在社会实践中才产生各种新旧需要，"积极地活动，通过活动来取得一定的外界物，从而满足自己的需要"③。将这种满足需要的主客关系纳入记忆或观念中，根据关系的不同赋予客体不同的名字，开始为这些特定的物（实际上是特定的主客关系）而展开价值行为。人通过实践得来的直接或间接经验，对于自身需要与客体属性产生认知，深刻意识到主体与客体之间的矛盾所在，将自身的意志投射在改造客体的对象性活

① 《马克思恩格斯全集》第 19 卷，人民出版社 1963 年，第 420 页。

② 《马克思恩格斯全集》第 19 卷，人民出版社 1963 年，第 406 页。

③ 《马克思恩格斯全集》第 19 卷，人民出版社 1963 年，第 405 页。

动中，发掘客体的潜在有用性。同时，人在这种改造客体的实践中也改造自身，“已经得到满足的第一个需要本身、满足需要的活动和已经获得的为满足需要用的工具又引起新的需要”[①]，旧的需要通过实践得以满足，新需要又随之产生，如此反复推动着人类的进一步价值实践。

其次，马克思主义哲学上的“价值”是作为价值主体的人基于需要对有用物的判定，具有社会性。价值由三方面构成：人的需要、人对事物属性的准确把握、价值实现环境。对于事物属性认知水平是被社会发展水平所决定的，人类价值行为同样受社会条件的限制，具有社会性与历史性。一个物的使用价值（即价值一般），是伴随着人对其属性的不断掌握而有所变化的，例如马克思在与瓦格纳论战中举例“在不好的情况下，有用性减少，因而价值也降低（例如，猪身上发现旋毛虫，染料和植物中发现毒物，等等）”[②]。价值是社会的人的需要与客观对象属性的实践关系范畴，人作为社会性存在，他的需要并不单是由某个独立主体的实践经验得来的，人是一种社会存在，社会的人的需要也并非生来就是这样或那样，它区别于动物的需要，并非单纯以物的尺度来衡量自身的需要和享受。人的自身需要从社会生产和交换中产生，“个人是什么样的，这取决于他们进行生产的物质条件”[③]。马克思在谈及使用价值时这么说：“至于其中哪些使用价值与他‘相对立’……，那完全取决于社会生产过程的阶段，因而也和‘某一个社会组织’相适应……个人对教授称号或枢密顾问称号或某个勋章的需要，也只有在完全一定的‘社会组织’内才是可能的。”[④]其实马克思这句话中的使用价值的概念已经是在价值一般层面谈论，并明确地表明其所应当具有的社会性。如果脱离整个社会的生产活动来看，“一般的人”根本没有“任何”需要，“一个存在物如果在自身之外没有对象，就不是对象性存在物……非对象性的存在物是非存在物”[⑤]。瓦格纳恰恰认为原子式的“自由”个人赋予了物的价值，决定了它的价格，之后“甲的需求”刚好因为某些神秘的原因与“乙的需求”达成一致，两者

① 《马克思恩格斯全集》第3卷，人民出版社1960年，第32页。

② 《马克思恩格斯全集》第19卷，人民出版社1963年，第424页。

③ 《马克思恩格斯全集》第3卷，人民出版社1960年，第24页。

④ 《马克思恩格斯全集》第19卷，人民出版社1963年，第418页。

⑤ 《马克思恩格斯全集》第42卷，人民出版社1979年，第168页。

开始进行了交易活动，两者具有了形而上学的性质。因此马克思对于瓦格纳的批评最核心的便是价值所指向的关系并非抽象地存在，价值也不是形而上的预设，或者存在着先天的价值等级，而是在社会实践中具体的人的产物，是随着社会的变化而不断变化的。

最后，马克思主义哲学上的“价值”是以人的全面发展为最高价值。马克思价值哲学的核心就是作为价值主体的人的发展，即马克思明确指出的“人的根本就是人本身”①。人的开放性与未完成性是辩证法人学的根基所在，其目的就在打破束缚人自我发展的一切枷锁。历史是人自我实现也就是自我完成的过程，即价值生成与价值实现的无限往复向前的过程，马克思称赞黑格尔《精神现象学》最伟大之处在于“把人的自我产生看作一个过程，把对象化看作失去对象，看作外化和这种外化的扬弃”②。但是实现人的解放，必须将人放置于具体的社会现实这一必然王国中寻找达到自由王国这一价值目标的科学实现路径。不同于遭遇现代危机以本体论为基础形态的形而上学，马克思主义价值哲学认为是人之为人的基本存在维度，将人的存在视为在实践中超越物性而无限发展的创造过程，那么必须深入到决定现实的人的社会中对生产力与生产关系的科学分析中，完成资本主义批判，打碎自启蒙运动后“理性”遮蔽在人身上的资本枷锁，马克思明确地说他“在研究价值时，涉及的是资产阶级关系”③。并通过商品的二重性、劳动的二重性分析，提出价值规律，揭示了商品经济的基本矛盾，最终将价值这一主题从人与物的关系中（自在的财产）升华到审视、揭露资本主义人与人之间的根本关系上来，指明资本主义必然灭亡、社会主义必然胜利这一社会规律，完成了理论科学性与革命性的统一。马克思的价值一般同样是人全面发展的价值目标与现实解放手段的统一，解放的前提就是“必须推翻那些使人成为受屈辱、被奴役、被遗弃和被蔑视的东西的一切关系”④，使一切存在实现其为人的属性，人必须“围绕着自身和自己现实的太阳旋转”⑤。

---

① 《马克思恩格斯全集》第 1 卷，人民出版社 1956 年，第 460 页。

② 《马克思恩格斯全集》第 42 卷，人民出版社 1979 年，第 163 页。

③ 《马克思恩格斯全集》第 19 卷，人民出版社 1963 年，第 403 页。

④ 《马克思恩格斯全集》第 1 卷，人民出版社 1956 年，第 461 页。

⑤ 《马克思恩格斯全集》第 1 卷，人民出版社 1956 年，第 453 页。

三、人类共同价值是马克思价值理论的最新成果

2011 年 5 月 21 日，温家宝在访问日本宫城县名取市和福岛县福岛市灾区时说“在自然灾害面前，人类是命运共同体”[①]，党的十八大将“人类命运共同体”正式写入报告。中国作为世界大国的主体性意识的提升，实现了从党的十八大“倡导人类命运共同体意识”到十九大“坚持推动构建人类命运共同体”的转变。面对亟待解决的世界性问题，基于更宏大的主体意识，对全人类共同命运的价值观照应运而生。党的二十大更是将“和平、发展、公平、正义、民主、自由的全人类共同价值”写入党章，这一过程彰显出中国共产党在改革实践中形成的，站在全人类共同利益高度上的历史自觉与使命担当。

“全人类共同价值”是马克思价值学说的新发展。马克思价值一般的思考进路不同于古典经济学的思路，即（使用）价值自我评估——生产交易的自由与平等——交易完成。马克思追求的是现实的人的解放与发展，他的价值主体是“处于一定社会关系中的人”，并不预设一种形而上的价值理念，通过《资本论》揭示处于资本主义社会中的人的枷锁。哲学既是时代精神的精华，一方面有着超越某一特定时代的人类共观的价值追求，即人类自身存在的无限构建，达到自由王国的彼岸；另一方面哲学难以穿透历史，它从历史的土壤中生成，必然带着一定的历史局限性，这就意味着政治经济学批判只是一个服务于最终目的的历史范畴。当前经济全球化伴随着信息技术提升进一步发展，全球文化交往愈发频繁，关系日益紧密，逐渐向着“鸡犬之声相闻”的地球村转变，“和平与发展”成为时代主题，立于更大格局的“人类命运共同体”，强调新环境下“主—主”相融后构成新的国际社会的价值主体，审视把握新的价值主体与客观世界的总体性关系，提出作为全人类普遍价值追求的“全人类共同价值”，例如“绿水青山”对于全体人类所具有的共同价值，抛弃“只算经济账，不算生态账”的旧发展理念，实现了对原先理论的超越而指向马克思的更高目标——人的全面发展。这一实践以历史唯物主义出发，完成了对人本质的复归，将“价值”向更高程度推

① 温家宝访问日本宫城县名取市和福岛县福岛市灾区，中华人民共和国中央人民政府网，https://www.gov.cn/govweb/ldhd/2011-05/21/content_1868565.htm。

进，开始探索人与整个世界关系的新样态。

全人类共同价值立足具体的现实的人。如果把自然之物作为人的价值对象的否定，那么对于自然之物的活动必须是付诸实践的扬弃改造过程，使其成为人的价值肯定。自然存在本身不是一个价值事物，它只因为拥有某种客观属性（但是客体属性的认知也是人类不断实践推动的成果）而对人来说具有潜在有用性，只有与人发生关系时，才具有价值。正如黑格尔所说："自然的东西自在地是天真的，既不善也不恶，但是一旦它与作为自由的和认识自由的意志相关时，它就含有不自由的规定，从而是恶的。"① 但黑格尔把思维劳动看作人自我确证的本质，是辩证法在认识中"复归"于人自身的过程。马克思辩证地继承了黑格尔这一思路，认为具体实在劳动就是人们在改造客体的同时改造自身、发展自身的过程。这的确是劳动的积极方面，通过劳动实现人的全面发展，到达必然王国的价值彼岸。但是当马克思把具体的人的劳动放置于彼时的社会中进行考察时，一方面，发现了劳动非但没有创造人的本质，甚至使人越来越远离自身，在具体的情形中，劳动也具有消极的方面，即在资本主义社会中劳动产生了异化，并用价值这一命题分析这一过程，揭示了劳动的二重性。另一方面，人在劳动中创造自己本质的过程，是处于具体社会中的具体实践，也就是说人的需求殊异化背后具有一定的社会性，具体的人的需求实际上是由社会来塑造的，"一个人的发展取决于和他直接或间接进行交往的其他一切人的发展"②。但是私有制把人变为一种单一维度的存在，人类对于一切具有美感的精神类事物的审视皆以实现对其占有为最终准则，马克思从揭示资本主义社会本质出发，在经济学上区分使用价值与价值，以货币为中介的交换体系揭示资本主义社会关系的本质，最终服务于资本主义批判，这正是马克思主义较空想社会主义具有科学性的原因。马克思通过经济学的价值命题证明了资本主义所谓的普世价值不过是物—物关系上的平等与自由，现实的人并没有得到这套说辞的真正关怀。"全人类共同价值"是基于经济全球化情形下全人类的新实践面临的新问题而提出的，以世界共同"发展"这一价值共识为前提，重视人与人、国与国以"和平"为原则的共同价值主体的构建，

① ［德］黑格尔:《法哲学原理》，范扬译，商务印书馆 1961 年，第 145 页。

② 《马克思恩格斯全集》第 3 卷，人民出版社 1960 年，第 515 页。

把握在共同价值实践中所具有的普遍性价值。"全人类共同价值"是从各国的具体实践中凝练出来的普遍共性，并不是忽略各个国家文化的差异，而是尊重每个国家特定生产实践所形成的价值殊异性。

"全人类共同价值"是随着经济全球化而形成的。从全球的发展进程上看，经济全球化经历了三个阶段：第一阶段是西方国家通过暴力手段完成殖民扩张与世界市场形成；第二阶段是二战后社会主义和资本主义两大阵营的对立形成了两个平行市场；第三个阶段是冷战结束后，各国相互依存大幅加强，世界关系日益紧密。马克思认为，对剩余价值进行剥削是资本家的本性，生产扩大化是进行工人剥削的重要途径。近代以来，资产阶级随着生产科技的进步，将工厂扩大到世界范围，初步建立了世界市场，大工业建立起世界工厂，使得生产活动成为世界性的活动。同时，本国的商品市场已无法满足资本家商品流动的迫切需求，这也促进了资本家急于开拓本国以外的市场，建立世界市场。"单是大工业建立了世界市场这一点，就把全球各国的人民，尤其是各文明国家的人民，彼此紧紧地联系起来，致使每一国家的人民都受着另一国家的事变的影响。"[①] 世界工厂与世界市场的建立，极大地拉近了全世界人们之间的关系，每个人不仅为世界贡献着自己的生产，同时整个世界也为每个人提供了物质与精神享受，世界各国逐渐变成一个全世界的社会，在共同利益追求和密切交往中，各民族与国家的关系愈发紧密，"历史就在愈来愈大的程度上成为全世界的历史"[②]。文化的核心是价值观，文化的殊异性在于价值观的多样性，其根源在于每一实践主体所扎根的社会现实不同，实践经验的总结与抽象结果必然不同，同时经济全球化形成了全世界人类存在的共同客观环境，科技进步促进了全世界的交流交往，形成了人们自身主体性认知的相对统一。在处于同一现实环境中所产生的共同现实问题的实践中，逐渐形成了一荣俱荣、一损俱损的命运共同体，全世界完成了新的宏大的主体性建构，也使得全人类共同价值成为可能。可以说，经济全球化是全人类共同价值的形成基础。

中国的人类命运共同价值是基于现实的具体的人的解放，与西方从国家的绝

① 《马克思恩格斯全集》第4卷，人民出版社1958年，第368页。

② 《马克思恩格斯全集》第3卷，人民出版社1960年，第51页。

对的抽象精神到市民社会的构建不同，它不仅延续了马克思关于价值一般的思考进路，而且是马克思价值理论与当代中国、全球现实相结合的最新成果，是21世纪的马克思主义，实现了对马克思价值一般思考的丰富与完善。中国的全人类共同价值之所以具有面向现代化、面向世界、面向未来的理论特征，正是由于它处于马克思严密的价值体系下，继承了马克思价值一般的研究理路，遵循了整个世界发展的客观规律，相较于西方所谓的普世价值，发扬了马克思主义理论科学性与革命性相统一的理论特色。

四、科学把握“全人类共同价值”的理论特征

随着经济的发展，当前全球正在实现向着马克思恩格斯所说的“世界历史”转变，“这个世界，各国相互联系、相互依存的程度空前加深，人类生活在同一个地球村里，生活在历史和现实交汇的同一个时空里，越来越成为你中有我、我中有你的命运共同体”①。但是全球性问题也日益突出，例如恐怖主义、气候变化、公共卫生等非传统安全威胁持续蔓延，地区冲突、经济发展动力不足、贫富差距日益增大，人类面临许多共同挑战。这些在新形势下的全球性挑战是人类在历史上未曾遇到过的，其对于人类生存的威胁也并非单一国家可以解决的。18世纪共产主义同盟将原来的口号“人人皆兄弟”改为更为宏大视野的“全世界无产者，联合起来”，无产阶级政党从诞生之初就以打破资本主义的压迫以及超越狭隘的发展理念为使命，以解放全人类为己任，马克思更是指出“社会主义不仅是地方性的问题，而且是国际性的问题”②。中国共产党成立一百多年来，“既为中国人民谋幸福、为中华民族谋复兴，也为人类谋进步、为世界谋大同，以自强不息的奋斗深刻改变了世界发展的趋势和格局”③。它并不以本国的利益至上，而是将中国复兴与世界大同紧密地联系在一起，践行马克思主义政党的初心使命。社会主义作为一种“过渡阶段”，一定具有“现代性”的特征，社会主义作为走向

① 习近平：《论坚持推动构建人类命运共同体》，中央文献出版社2018年，第5页。

② 《马克思恩格斯全集》第45卷，人民出版社1985年，第712页。

③ 《中共中央关于党的百年奋斗重大成就和历史经验的决议》，《人民日报》2021年11月17日。

未来的必然阶段，又肩负着超越现代性的历史使命。

“全人类共同价值”“不是简单延续我国历史文化的母版，不是简单套用马克思主义经典作家设想的模板”①，而是我们党立足于世界百年未有之大变局，坚持着马克思主义解放全人类的崇高历史使命与与时俱进的理论品质，将马克思主义与当代世界相结合，打破全球人与自然、人与社会关系的资本逻辑，构建起面向现代化、面向世界、面向未来的价值体系，以新的理论指导新的实践，实现21世纪马克思主义的新发展，因此，我们应当从以下几个方面科学把握“全人类共同价值”的理论特征。

首先，“全人类共同价值”尊重文化多样性。从马克思主义哲学的价值概念来看，文化多样性本质是价值多元化，是不同的价值主体在不同的现实环境实践中形成对有用物的不同判定。文化多样性根源于群体生产环境的多样性与人需求的多样性。每一个国家与民族生产环境不同，选择了不同的生产生活方式，形成了不同于其他民族国家的价值观，指导着自己进一步实践，显示出社会总体性特征，而个人在社会实践中也不断地丰富创造着自己本质，推动着自身自由全面地发展。自资本主义得到快速发展以来，他们在世界范围内打响了一场没有硝烟的战争，强行使一切民族国家的文化变成资产阶级的文化，在全世界大肆宣扬商品交易的“平等”“自由”，推崇唯我独尊的价值霸权。马克思的价值理论始终都是紧紧围绕着具体的人这一价值主体展开。马克思认为人的全面的发展意味着“人以一种全面的方式，也就是说，作为一个完整的人，占有自己的全面的本质”②。人需求的全面发展是人的全面发展的标志之一，“人以其需要的无限性和广泛性区别于其他一切动物”③。在资本主义社会中，“人不仅失去了人的需要，甚至失去了动物的需要”④。因此马克思的政治经济学批判是以打破资本主义强加在人们身上的物质与精神枷锁为主要任务。“全人类共同价值”构筑在马克思政治经济学批判基础上，是马克思价值学说的最新成果。它以人的全面发展为最高价值意

① 《中共中央关于党的百年奋斗重大成就和历史经验的决议》，《人民日报》2021年11月17日。

② 《马克思恩格斯全集》第42卷，人民出版社1979年，第123页。

③ 《马克思恩格斯全集》第49卷，人民出版社1982年，第130页。

④ 《马克思恩格斯全集》第42卷，人民出版社1979年，第134页。

指，以尊重文化多样性为基本准则，倡导“民主、自由”的国际交往原则，旗帜鲜明地反对价值霸权主义，超越了传统资本主义的价值逻辑。

其次，“全人类共同价值”是美好世界的最大公约数。2021 年，习近平总书记在出席中华人民共和国恢复联合国合法席位 50 周年纪念会议上提出，要“形成共建美好世界的最大公约数”。“全人类共同价值”作为美好世界的最大公约数，其理论核心在于价值客观性，在于坚持从物质实践或客观属性上考察价值。19 世纪 70 年代，英国的杰文斯等提出“边际效用价值论”，试图探索个人的欲望与商品的供给之间的关系，认为随着商品的大量供给，人们对于特定欲望会下降，最终到达厌恶的程度，这种研究思路最终认为并不存在任何客观属性可以决定物品的价值，商品价值的决定性因素在于人们的主观评价。“思想和生活就是形而上学的界限”①，客体的属性认知与主体需要的反身性认知是受制于整个物质社会构建起来的知识体系与观念定式。“一物之所以是使用价值，因而对人来说是财富的要素，正是由于它本身的属性。”② 要构成一套完整的价值关系，必须以对于客体属性的把握为前提，但是人类对于客体属性的准确把握总是受到社会认知水平的限制，同时在社会实践中又不断发展丰富，从而无限接近全面掌握真理。而在今天，“历史向着世界历史的转变”，国家社会向着世界社会转变，人们的价值关系与认知水平不再局限于一个国家与民族，经济全球化使得人们的认知界限与价值场域得到极大的拓展，形成了共同的价值环境。人在世界实践中形成了自我意识，这种自我意识总是显现出全球的总体性特征，整个人类社会的外在实存成为每个人价值认知的共同客观边界，这一共同的价值边界也使得“公平与正义”的人类共同理想的形成成为可能。

最后，“全人类共同价值”坚持以新实践为主线。人与动物的区别在于意识，根据意识主导的能动的实践是人存在的方式，“人类社会和动物社会的本质区别在于，动物最多是搜集，而人则能从事生产。”③ 一方面，不断的实践是人们创造自己本质的无限超越。马克思将实践的精神在自己的哲学体系中一以贯之，对于

① 赵汀阳:《关于形而上学的评论》,《社会科学战线》2021 年第 7 期。

② 《马克思恩格斯全集》第 26 卷（第三册），人民出版社 1974 年，第 139 页。

③ 《马克思恩格斯全集》第 34 卷，人民出版社 1972 年，第 163 页。

人来说“无对象，无存在”，人在社会实践中创造了自己，也将价值对象的潜在价值变为现实价值，打破了近代哲学的二元论框架。人的自我发展取决于主体的实践能力和实践水平，资本主义对生产力史无前例的提升扩大了人们的对象范围与实践能力，“能够不仅生产生活必需品，而且生产奢侈品”①。随着生产力的进一步提高，全球进入新的发展阶段，人类的实践范围与实践能力不断提升，人的本质被不断地构建，新的社会现实必然产生新的社会实践。另一方面，价值的有效性在于某一价值范畴解决现实问题的有效性上，唯物辩证法认为世界上的一切事物是运动变化和发展的，人类随着世界变化发挥自己的主观能动性不断进行新实践，价值认知也是不断丰富与完善的。世界百年未有之大变局正在加速演进，人类文明走到十字路口，时代主题从“革命与战争”转变为“和平与发展”的新实践，同时道德转型、环境生态观、科技伦理、全球化国际秩序等一系列重大问题也亟待我们进行回答，“以新的现实实践为准绳，这才是马克思主义的基本立场、观点和方法”②。因此“全人类共同价值”并不是像资本主义国家那样，将抽象的价值内涵称为世界上永恒的价值标准，而是坚持以全人类所面对的新形势、新问题为导向，以宏大的视野，迎面最为迫切的时代问题，不断丰富其价值内涵，以新的理论指导新的实践。

【执行编辑：尹　岩】

① 《马克思恩格斯全集》第34卷，人民出版社1972年，第163页。

② 王鲁军：《对所谓“马克思的价值一般概念”的否证》，《内蒙古社会科学》2008年第3期。

富勒、李德·哈特、薄富尔战略价值观及其演变路径探析

庞小条[*]

【摘　要】西方战略范畴长期局限于军事领域，军事胜利成为战略实践的最终目的，工具理性成为战略实践和研究的重心，价值理性总是处于缺位状态。基于对历代战争特别是第一次第二次世界大战的反思，富勒、李德·哈特、薄富尔都要求以价值节制工具，以此推动战略重心由军事战略向大战略转变。在战略重心转变过程中，战略的文明价值特性越发凸显。梳理富勒、哈特和薄富尔战略价值观演变路径，对我们理解西方战略思想史和战略价值演变的逻辑结构以及战略哲学研究有一定的启发意义。

【关键词】富勒；李德·哈特；薄富尔；战略价值观；演变

规律和价值是战略实践和战略研究的两大基石，遵循规律和确定价值立场是战略决策时必然涉及的两个基本问题。战略实践只有遵循规律，才能取得成功，违背规律，面临的只有失败；战略实践还必须确定立场问题、价值问题，失去立场和价值追求，战略实践就失去了前进的方向。① 为了实现战略目标，客观规律和主体价值需求必须是统一的。战略人② 遵循客观规律时，必须要有明确的立场；战略人确立了理想的价值目标时，必须要通过遵循规律的实践来实现这个价值目标；二者统一，才能真正实现战略目标。这是战略

* 庞小条，江苏海洋大学马克思主义学院副教授，研究方向为马克思主义战略思想、中国传统战略思想和战略价值论。

① 任俊华：《马克思主义战略伦理学的建构》，《伦理学研究》2017 年第 6 期。

② 战略人指进行实际战略筹划、实施、驾驭的个人、群体或组织。

“长远性”和“全局性”的内在本质所规定的。追求长远利益就要在某种程度上牺牲短期利益，追求全局利益就要在某种程度上牺牲局部利益。然而，现实中，把握“长远性”和“全局性”的度却是非常不容易的。有时候，价值的追求过于理想化，形成了理想主义；规律的应用过于工具化，形成了现实主义。

从西方战略哲学史角度来看，西方战略长期局限于军事战略的长远和全局上，其长远的追求就是军事胜利，其全局的谋划只局限于可掌握的军事资源的应用上面。这时的战略（军事战略）更为看重对于纯粹战争规律的把握，战略价值在军事战略中却是隐而不显的。对于规律的突出强调和对价值的忽视，是西方战略哲学史中存在的基本现象。这种看法到了近代启蒙运动时期，在战略家们将“纯粹理性”推崇到无以复加的地位的同时，战略实践和战略研究同样将战略的纯粹理性和规律论推崇到最高地位。

近代以来，由于西方民族国家的兴起，从国家层面探讨战略问题已经成为时代的必然要求。这个要求首先落在了 15 世纪尚未实现统一的意大利的马基雅维利身上。马基雅维利的战略思想有两个相反的趋向：一是理想主义的价值追求，马基雅维利在《李维史论》中指出，创建自由共和国是最为理想的政体，符合所有人的价值追求；二是现实主义的工具运用，这一方面的思想主要体现在《君主论》中，《君主论》主张，只要有利于国家统一，无论是道德或非道德手段，军事或非军事手段，君主都可视具体情况，灵活运用。第一方面由于过于理想化，马基雅维利自己认为在他那个时代不容易实现。第二方面在《君主论》中所强调的现实主义的工具运用是实现意大利统一不可或缺的重要手段。这里需要指出的是，在战略筹划上，尽管马基雅维利的《君主论》依然持一种工具主义的态度，但是，《君主论》中的“工具”已经溢出了单纯的“军事工具”范畴，而进入了君主筹划国家统一的武器库中。在马基雅维利看来，“军队”和“法律”都是君主的武器。这样，君主集权、国家统一内在的价值属性已经慢慢显现出来了。

如果说，马基雅维利《君主论》中的战略价值属性还处在萌芽之中，到了

“启蒙的反动”① 的近代战略学大师克劳塞维茨那里，战略价值属性已经非常明显了。克劳塞维茨的战略学名著是《战争论》,《战争论》中最为人熟知的莫过于“战争是政策（政治）的延续”的命题了。以前的战争只是将军们的事情，战略最为关注战争的胜利，纯粹的军事胜利运用最多的是对军事工具的运用和战争规律的遵循。不过，站在更高的政治层面看，威慑、外交、合作、战争等，都可以用来实现政治目标，而非仅战争可为。

这样，战略就由单纯的军事领域进入到政治领域。军事领域的战略价值也由隐而不显逐渐成为明确显现出来的内容，这是因为政治的“长远性”和“全局性”更为广泛，长远利益和代表更多人利益的政治目标的战略价值是显而易见的。

从战略哲学演变史的角度来看，富勒、李德·哈特、薄富尔是近代战略哲学思想向现代战略哲学思想转变中的关键性人物，之所以如此说，是因为他们的战略思想已经由过去单纯的以军事工具为核心逐渐转向了以工具和价值相统一为核心上，为现当代战略哲学研究和战略实践开启了最初的思维路径。工具、规律自古以来都是战略研究的核心论题，近现代战略哲学主题演变的核心是战略价值。这里我们主要通过上述三位大师的理论对战略价值观这个问题进行简单的阐述。富勒长于哈特，哈特长于薄富尔，年长者为师，他们都是有师生之谊的，他们著作出版的时间有早有晚，我们在这里所讨论的，主要是从他们作为年长者和老师的层面来谈论他们思想内在结构的演变。

一、富勒战略价值观

富勒戎马一生，一战时已官居上校，1917 年拟定了坎布莱会战的战略计划，1918 年制定了更为宏大的计划，但此后，由于人事倾轧，1930 年以少将官衔退休。② 退休之后，他专注于著书立说，著作等身，其中，最能代表他将工具和价值统一起来的，则是他花了三十年时间撰述的鸿篇巨制《西方世界军事史》。这

① 钮先钟:《西方战略思想史》，广西师范大学出版社 2003 年，第 219 页。

② 钮先钟:《西方战略思想史》，广西师范大学出版社 2003 年，第 443 页。

是一套三卷本的大部头书籍，这套书不仅梳理了西方战争演变史，更重要的是，它结合史实，探讨了政治是如何影响战争的。这种思想与克劳塞维茨是一致的，它内在地将政治战略筹划置于军事战略筹划上面。这里，战略的政治价值目标的确立已经超越了对单纯军事目标的追求。

《西方世界军事史》的核心是史学的梳理，富勒许多独到的战略学思想尚未得以清晰地表达。富勒战略学理论思想的代表性著作则是其晚年写的《战争指导》。战略思想家钮先钟在评论《战争指导》时指出："这本书也可以算是《西方世界军事史》的补充篇……虽也是以历史为基础，但所讨论的对象偏重在思想方法，对于史实则不予详述。"[①] 也就是说，《西方世界军事史》主要是从史实梳理角度阐发富勒的战略学思想，《战争指导》则依据战争史内在演变思路，清晰地表达了富勒的战略学理论思想。因此，可以说，富勒这两本书所表述的思想内容实际上"互为表里、相辅相成"[②]。这里，我们主要依据富勒的《战争指导》进一步地阐述其战略价值观念。

在富勒之前，战略价值观主要体现在政治对军事的制约上，到了富勒，战略价值追求有着明确的诉求。对于"和平"的追求，构成了富勒战略价值观的核心。

为了证明上述观点，富勒通过对"专制帝王的有限战争""无限战争的再生""拿破仑战争""工业革命的影响""第一次世界大战的指导""第二次世界大战的指导"等军事史和军事思想史等的梳理，对其作了深刻的论证。为什么战争必须追求和平呢？我们根据富勒《战争指导》所论，归纳了以下几个观点：

首先，战争的残酷性和不受约束性，使人类必须节制战争，追求和平。15 世纪至 18 世纪，西方的民族国家战争中，战争的权力基础主要是职业性的佣兵制和常拥军制。拥军彼此都是拿钱打仗，对于战争双方来说，最大利益并不在于消灭对方，而是以消耗战为主。"战略的手段是要消耗敌人，而不是歼灭敌人；是要耗尽敌人的精力，而不是杀死他。所以，战略打击的目标，通常是敌人的补

① 钮先钟：《西方战略思想史》，广西师范大学出版社 2003 年，第 451 页。

② ［英］富勒：《战争指导》，绽旭译，解放军出版社 1985 年，第 1 页。

给线和他的要塞，不是敌人的军队。”[①] 这种以佣兵为主的战争模式，因其能够动员的资源和士兵忠诚度的有限性，并且战争本身不是你死我活的殊死搏斗，被富勒称之为“有限战争”。尽管这时期战争破坏性是有限的，但战争的残酷性也还是让人触目惊心的。欧洲的三十年战争正是这种以专制帝王为主的民族战争的高峰，在这场战争中，欧洲死亡八百万人，其中有主教以巫术罪为名，活活烧死了九千人。战争的残酷性以及政治目的性，使“和平”成为人们必须考虑的事情。因此，对当时的战争而言，战略的“谋略性”和对“和平”的追求，是非常必要的。“要想赢得战争，靠的是思考和计谋，而不是实际的冲杀”[②]“所以，‘节制’是一个关键。应该不使什么东西得以阻碍和平的恢复”[③]。

有限战争时期，人们尚可利用理性来节制战争的规模和烈度，用计谋解决政治目标实现的问题。然而，到了法国大革命之后，特别是拿破仑战争时期，战争的规模、性质和结构都产生了新的变化，战争的残酷性和不受约束性完全表现出来了。于是人类进入了无限战争时期。法国大革命以“自由”“平等”“博爱”等抽象理念为价值追求，动员了一切可以动员的力量、聚集了一切可以聚集的人参与到战争中。拿破仑时期的这种不受约束的杀戮性战争，启蒙了整个欧洲和世界。整个欧洲和世界都借鉴法国的抽象价值理念和征兵制，再加上工业革命后热兵器的大规模发展，使战争追求胜利已然成为不可能的事情。战争纯粹成为消耗生命和资源的、不再受人类约束的怪物。第一次世界大战、第二次世界大战就是受到法国大革命启蒙的产物。从这个角度上讲，富勒称肇始于法国大革命的征兵制为野蛮主义[④] 是有其深刻理由的。由此，战争的残酷性和不受约束性，使得从军事层面来理解和考量战略所面临的问题越来越大，企图通过战争的手段达到所追求的目标已经变得越来越不现实，也越来越不符合人们对战争的期望和理解。

其次，20 世纪中后期，核武器的出现改变了原有的战争模式，结束了无限战争。在无限战争状态下，全面的核战争无异于集体自杀。因此，“从政治目标

---

① ［英］富勒:《战争指导》，绽旭译，解放军出版社 1985 年，第 3 页。
② ［英］富勒:《战争指导》，绽旭译，解放军出版社 1985 年，第 6 页。
③ ［英］富勒:《战争指导》，绽旭译，解放军出版社 1985 年，第 8 页。
④ ［英］富勒:《战争指导》，绽旭译，解放军出版社 1985 年，第 19 页。

是否合理的观点来看，一个全面的核战争可以说是毫无意义的”[①]。那么，问题的关键就又回到了政治层面上，这也是富勒在《战争指导》中一再强调的战略和战争理念，“一个有限战争是为一种明确的有限政治目标而进行的，在这种战争中，所花费的力量必须与目标成比例，因此，战略必须服从于政治”[②]。这样就给了人类追求和平以回旋的余地，战争必须受到政治的控制。这时，富勒将原有的军事战略上升到大战略层面，“大战略的目标是要求有利的和平，并不是要把对方完全歼灭”[③]。

再次，战争的目的是预防、治疗或减轻人类社会中存在的不可解决的问题，而非战争本身。这是富勒关于战争的基本观念。富勒反对毫无目的的屠杀战争，然而，令他非常悲伤的是，他那个时代“战争的指导却还停留在炼金术的阶段。更糟糕的是，在本世纪中，战争又回到了野蛮的摧毁和残杀的形式”[④]。因此，他的战略思想已经超越了军事范畴，《战争指导》也不是对战争前线的指导，相反，“从政治、经济和社会的发展来考察他们对战争的影响”[⑤]。这种战争指导的核心是预防和治疗，以此保持社会秩序的活力而非破坏。从这个意义上讲，富勒战略价值的核心就是对和平的追求，战争只是解决问题的工具，是要受制于和平价值追求的。

二、李德 · 哈特战略价值观

在《西方战略思想史》中，钮先钟曾指出，李德 · 哈特“之所以能成为一代大师，实应归功富勒的提携和指导，所以，他们二人的关系是在师友之间”[⑥]。这里，钮先钟是从李德 · 哈特接受了富勒所提倡的工具性的机械化思想来论述二人的师生关系。同样，我们也认为，二人在战略价值观方面也存在师承，其中一个

---

① ［英］富勒：《战争指导》，绽旭译，解放军出版社 1985 年，第 294 页。

② ［英］富勒：《战争指导》，绽旭译，解放军出版社 1985 年，第 296 页。

③ ［英］富勒：《战争指导》，绽旭译，解放军出版社 1985 年，第 290 页。

④ ［英］富勒：《战争指导》，绽旭译，解放军出版社 1985 年，第 1 页。

⑤ ［英］富勒：《战争指导》，绽旭译，解放军出版社 1985 年，第 2 页。

⑥ 钮先钟：《西方战略思想史》，广西师范大学出版社 2003 年，第 455 页。

重要方面是，李德·哈特接受了富勒关于战争的最终目的是和平的思想，认为战争的目的是解决社会中影响和平的因素，而非破坏和平本身。从这个意义上讲，战争的目的是预防和治疗，是和平，而非战争自身。在这个意义上，富勒提出了他的超出了军事范畴的战略观念。

然而，如何取得和平？什么样的和平算“真正的和平”？在富勒的著作中，这一问题并没有被清晰完整地表述出来。李德·哈特继承了富勒的“和平”观念，同时也将富勒的“和平”观念向前推进了一步。他回答了什么是“真正的和平”，以及如何取得“和平”这一关键性问题。

对于“和平与民生”的价值追求，构成了李德·哈特战略价值观的核心。

李德·哈特也是著作等身，大部分著作都是军事史，最能代表他战略理学论思想和大战略思想的是其代表性著作《战略论：间接路线》。该书共分四篇，前面三篇主要通过战争战役案例的列举来证明间接路线战略的合理性，最后一篇系统地讨论了他的战略学理论思想和大战略思想。尽管李德·哈特计划撰写一部大战略思想的著作，但这项计划终未实现，非常令人遗憾。在《战略论：间接路线》一书中，李德·哈特对战争的理解同样超越了单纯的军事胜利，其战略价值追求主要体现在两个方面：一是间接路线，二是大战略的“和平与民生”。

由于李德·哈特主要通过军事案例论证“间接路线”的重要性，于是“间接路线”就成为一个著名的军事术语。在军事层面使用“间接路线”当然没有任何问题，但李德·哈特经过深入的反思后指出，“间接路线”“还可以有更广泛的应用。在所有一切生活的领域之内，这都是一条不易的规律——这也是哲学上的真理”①，以致政治、恋爱、商业等领域都可以使用这一条普遍的哲学上的真理。这样，间接路线本身就由残酷而野蛮的纯粹战争领域的应用转向了更为文明的非战争领域的应用，军事转向的标志性事件是对“和平”价值的完全肯定。换言之，这种转变体现了战略价值观的一种深刻的文明转向。哈特的“间接路线”正是这种文明转向的典型案例。

李德·哈特对“和平”的价值追求不仅体现在对“间接路线”的理解上，更

① ［英］李德·哈特：《战略论：间接路线》，钮先钟译，上海人民出版社 2015 年，第 4 页。

体现在对“真正的胜利”的阐述上。关于“真正的胜利”的价值追求，主要体现在哈特的大战略思想中。在《战略论：间接路线》最后一篇第二十二章中，哈特简要地阐述了他的大战略思想。由于人们对他军事上的“间接路线”过于熟悉并津津乐道，反而对他的大战略思想及其蕴涵的战略价值追求，以及由此衍生出的20世纪、21世纪战略转向未有充分的关注。

从军事层面来看，战略所追求的就是胜利。军事胜利当然能够带来某种程度的“和平”，然而，通过军事手段获得的胜利往往不能使敌人在精神上心悦诚服，这就为外表平静的和平埋下了仇恨的种子，一旦有了适当的时机，敌人的力量重新兴起，新的战争将不可避免。像伯罗奔尼撒战争、三十年战争、一战等莫不如此。所以这种“和平”并不能成为“真正的和平”，这种“胜利”并不是“真正的胜利”。

那么，什么是“真正的胜利”呢？李德·哈特特别强调“所谓胜利，其真正含义应该是在战后获得巩固的和平，人民物质生活状况比战前有所改善”①。这里，李德·哈特对于战略的讨论并没有简单地诉诸“战争”与“和平”关系的命题，亦即没有将战略仅仅局限于军事领域；而是将其实实在在地推广到“人民的生活状况比战前更好一些”这一命题上，亦即对“民生”的重视上。这样，“民生”就构成了军事战略转向大战略的关键性价值评价标准。“民生”的改善才是“真正的胜利”。于是哈特不仅转变了原来的战略关注重点，同时也转变了原来的价值追求。新的战略关注点和价值追求都是“民生”，改善“民生”的关键就是“发展”。于是战略结构就从军事战略转向了发展战略。② 因为资源的有限性，为了获得更多利益，在生产力低下的情况下，人们往往通过战争来解决问题。工业革命后，生产力得到了极大的提高，使得通过分工、合作获得更多的利益成为可能。通过发展解决民生问题，自然是在“和平”的状态中进行的，这样“真正的胜利”必然是“真正的和平”。

这和以前的战略目的有着根本的不同。西方早期，主要是站在战争的角度来

---

① ［英］利德尔·哈特：《战略论》，中国人民解放军军事科学院译，战士出版社1981年，第500页。

② 关于这一点，中共中央党校（国家行政学院）段培君教授在《战略思维：理论与方法》（中共中央党校出版社2011年，第15—18页）一书“导论”第三节第二部分有详细的阐述。

确定战略目标，由此推导出的目标必然是军事胜利。克劳塞维茨首先从政治层面来限定战略，战略目标无疑就是政治目标的实现。富勒将战略（战争指导）定位为预防和治疗，根本目的是获取和平，但是，什么算是“真正的和平”却没有被明晰地表达出来。李德·哈特将以前关于“胜利”的目标从军事胜利转向和平，又将“和平”定位到“民生”的改善上来。从克劳塞维茨用“政治”节制“战争”到富勒以“和平”谋划“战略”，特别是到李德·哈特用“和平与民生”界定“战略”，战略的视野逐渐扩大，不仅标志着西方战略思想从对残酷的、纯粹的战争胜利的追求转向对“真正的和平”的谋划，也标志着从野蛮转向文明，还标志着从军事战略转向了大战略；既体现了战略的和平转向，同时也体现了其文明转向。哈特对“和平与民生”战略价值的强调是这种转向的关键点。

三、薄富尔战略价值观

富勒与李德·哈特有师生之谊，李德·哈特与小他七岁的薄富尔也有师生之谊。薄富尔最具代表性的战略学著作《战略绪论》，其序言就是李德·哈特为他写的。在序言里，李德·哈特高度评价了薄富尔关于战略的创造性贡献：“事实上，他的著作是这个时代的名著之一，对于战略研究的广博精深，在许多方面都超越了过去的任何著作。这本书极有可能会变成一本经典，成为这门学问的教科书。诚然，在某些方面，我和他的意见并不一致，但大体来说，我还是同意他的见解。”[①] 李德·哈特在序言中非常谦虚，对薄富尔也是推崇备至。李德·哈特认为，尽管某些方面，他自己的思想和薄富尔有所不同，但大体来说，他们还是一致的。我们不着意专门探讨他们之间的同异。但是，从本文主题出发，依然需要指出的是，薄富尔在《战略绪论》中就李德·哈特“间接路线”而提出的“间接战略”，也许正是李德·哈特也在考虑的内容，只不过他自己没有完全表达出来而已。

所谓“间接路线”，是李德·哈特在《战略论：间接路线》中，对 30 次战争 280 次个别会战进行分析后，发现只有 6 次会战采取的是直接战略路线而取得战

① ［法］薄富尔：《战略绪论》，钮先钟译，内蒙古文化出版社 1997 年，第 2 页。

争胜利的，而且即使这 6 次直接战略会战，“间接路线”在其中也占据非常重要的作用。[①] 于是，我们自然就可以得出这样的结论，“间接路线”是取得战争胜利的最重要手段。《战略论：间接路线》用了近 80% 的篇幅讨论战争如何胜利的问题。这种问题非常容易让人想到古代关于战略的判断，即战略的目的就是追求军事胜利。[②] 这种对军事胜利的追求，使得“间接路线”更多地显示出其工具性，而其价值性却被遮蔽了。连带而来的则是，《战略论：间接路线》中提出的关于“间接路线”“和平与民生”的深刻的价值关怀也一起被遮蔽起来了。

正是在这个意义上，薄富尔通过批评李德 · 哈特“间接路线”的工具性，而提出了他的“间接战略”。薄富尔指出：“间接路线的目的还是为了获得军事胜利，其所谓的间接性只不过是指对此种胜利的准备动作而言。所以我仍然要把间接路线列入直接战略的分类之中。间接战略的特点就是要使用军事胜利以外的方法来达到一种目的。”[③] 这里，薄富尔提出了两个概念：一是直接战略，二是间接战略。所谓直接战略，指的就是军事战略，军事战略又包含有直接路线和间接路线；所谓间接战略，指的就是完全通过非军事手段来达到目标或解决问题的一种战略方式。毫无疑问，李德 · 哈特的间接路线在薄富尔这里仅仅属于直接战略范畴。

薄富尔批评哈特“间接路线”的工具性，正说明了薄富尔的“间接战略”存在着某些价值属性。事实的确如此，不用直接的军事冲突来解决问题，当然凸显出了某种程度的文明价值追求。在薄富尔看来，“间接路线”战略和“间接战略”有着根本的不同。但是，李德 · 哈特却认为，他和薄富尔的思想之间却是大同小异的关系。这只能说明一件事，尽管“间接路线”和“间接战略”有着一定程度的不同，但是，从更大的理论框架上看，李德 · 哈特是认同薄富尔“间接战略”理论的。这是因为，薄富尔的“间接战略”理论与李德 · 哈特的大战略理论是一脉相承的，其理论内容都蕴涵了深刻的文明价值追求。

问题不仅如此，较于李德 · 哈特提出的“和平与民生”的价值意蕴，薄富尔

① ［英］李德 · 哈特：《战略论：间接路线》，钮先钟译，上海人民出版社 2015 年，第 126 页。

② 尽管李德 · 哈特曾指出，间接路线可以拓展到一切生活领域之内，并上升到哲学高度。

③ ［法］薄富尔：《战略绪论》，钮先钟译，内蒙古文化出版社 1997 年，第 114 页。

试图从哲学角度解决战略面临的困境，其战略哲学内蕴了他的文明价值追求。这种文明价值追求是以否定传统狭隘的军事战略的工具价值作为起点，顺应时代发展趋势，以新的战略哲学构想体现出来的。薄富尔的大部分著作都写作于20世纪60年代[①]，在这一时期，人们基于对20世纪上半叶非理性战争（一战、二战）带来的惨痛教训的反思自然地得出了“战略破产”的结论。[②]为了证明“战略”的合法性及其存在的意义，薄富尔指出，破产的“仅为某一种特殊战略”而已，这种“特殊战略”指的就是“军事战略”。显而易见，在薄富尔看来，二战后还将传统战略界定为“军事战略”是非常不合适的，要拯救处于破产边缘的“战略”，“战略”自身必须要越出军事领域。于是，他提出了自己的“战略”构想。

薄富尔是从抽象的哲学层面来探讨他的“战略”构想的。薄富尔关于“战略”的定义是，“战略的本质是一种抽象的相互作用”，“是从两个对立意志之间的冲突中所产生出来的”，战略“是一种力量辩证法的艺术，说得更精确一点，也就是两个对立意志使用力量来解决其争执时，所用的辩证法艺术”。[③]毋庸置疑的是，军事战略也是从两个对立意志之间的冲突中产生出来的。这一点在克劳塞维茨战争哲学名著《战争论》中有着明确表述和深刻论证。[④]如果将军事实践抽象出来，在现实生活中，两个对立意志间的冲突具有极大的普遍性，这一点就连克劳塞维茨也是没有否定的。他曾指出：“战争与其说像某种艺术，还不如说像贸易，贸易也是人类利害关系和活动的冲突。然而更接近战争的是政治，政治也可以看成是一种更大规模的贸易。”[⑤]尽管克劳塞维茨已经指出了对立意志间的冲突具有某种程度的普遍性，但是，他的理论论证还是以“战争”为核心的，并没有将这种对立意志的冲突进行普遍的拓展。如上所述，薄富尔已经将战略这种对立意志冲突进行了完全的抽象化和普遍化。这种抽象化和普遍化超越了军事战略的工具价值，进入了其他非流血斗争的经济、政治、文化、贸易等诸多领域，薄富尔将这些领域归之为“间接战略”范畴。从人类文明进程来看，“间接战略”

---

① ［法］薄富尔：《战略绪论》，钮先钟译，内蒙古文化出版社1997年，第153页。

② ［法］薄富尔：《战略绪论》，钮先钟译，内蒙古文化出版社1997年，第4页。

③ ［法］薄富尔：《战略绪论》，钮先钟译，内蒙古文化出版社1997年，第8页。

④ ［德］克劳塞维茨：《战争论》，杨南芳等译，陕西人民出版社2001年，第108页。

⑤ ［德］克劳塞维茨：《战争论》，杨南芳等译，陕西人民出版社2001年，第108—109页。

领域比军事战争领域更为文明，对人类来讲更有价值，更符合人类长远利益。这种价值首先体现在对“真正的和平”的追求上，“我们应学会如何在这个所谓和平的环境中过生活，并设法保存那一点残存的真正和平。我们必须精通间接战略的艺术”①。就是说，“间接战略”是薄富尔战略思想的核心和关键，蕴藏了丰富的文明价值内涵。

薄富尔并没有像李德 · 哈特那样通过解决民生问题来解决资源不足导致战争的问题，以此获得“真正的和平”，而是在哲学层面通过对传统军事战略②和核战略③的考察，批判了军事战略在二战后的价值和意义，完全肯定了其他领域的战略“力量辩证法”的价值。所以，薄富尔将“战略”定位为达到目的的一种思维方式，思维方式是一种精神因素，薄富尔的“间接战略”就是要用“精神”代替“暴力”，④是用一种文明式的价值判断取向代替野蛮式的非理性的价值判断取向。为了更好地说明战略内涵，薄富尔将战略归纳为一个普遍的公式：$S = KF\psi t$。⑤在这个公式中，K 是任何的特殊的偶然性因素（不是战略人可以直接把握的事情），F 代表物质力量，ψ 代表精神力量，t 代表时间因素。在直接战略（军事战略）中，物质力量 F 是主要因素，ψ 比较不重要，t 的数字非常小；在间接战略（非军事战略）中，精神力量 ψ 成为主要因素，物质力量 F 变得不重要，t 的数字变得非常大。⑥这里，既是“战略”从直接战略向间接战略转变的过程，同时也是“战略”内涵从野蛮向文明进步的过程。关于薄富尔价值观的转变，有两点内容需要我们注意：一是将战略重心从残酷、血腥的军事领域转到非军事领域，这是战略文明价值的第一个表现；二是战略重心转变过程中，精神力量 ψ 的重要性主要体现在对更广泛全局的筹划上，⑦时间 t 变得更大就是要求战略筹划得更为长远，关乎全局必然要照顾到更广泛人民的利益，关乎长远必然也要照顾到子孙后代的利益，这是战略文明价值的第二个表现。

---

① ［法］薄富尔：《战略绪论》，钮先钟译，内蒙古文化出版社 1997 年，第 140—141 页。

② ［法］薄富尔：《战略绪论》，钮先钟译，内蒙古文化出版社 1997 年，第 47—70 页。

③ ［法］薄富尔：《战略绪论》，钮先钟译，内蒙古文化出版社 1997 年，第 73—109 页。

④⑤ ［法］薄富尔：《战略绪论》，钮先钟译，内蒙古文化出版社 1997 年，第 139 页。

⑥ 这里的任何数字都不能等于零，若等于零，战略就不存在。

⑦ 世界普遍联系的观念，使我们在处理问题时，必须从全局性、系统性的层面着手。

综上可见，薄富尔通过哲学抽象所得出的战略理论，其战略重心摒弃野蛮的、残酷的军事战争，对长远时间和全局空间的强调，凸显了某种程度的文明价值；富勒对“和平”战略目标的强调、李德·哈特对“和平与民生”战略目标的强调，同样是对纯粹军事战争的否定，也体现了某种程度的文明价值。从价值论角度上来讲，富勒的“和平”价值追求、李德·哈特的大战略观和薄富尔的战略哲学的建构的内在逻辑结构是完全一致的。

【执行编辑：关山彤】

评价论研究

Research on Evaluation Theory

论体验在个体认同中的重要意义*

尹　岩**

【摘　要】体验是一个与经历、感受和情感紧密相关，反映人的存在状态的哲学范畴。一个人自身需要的满足与不满足，以及一个人与自身或外部事物、环境发生关系，从事某种活动，处于某种状态，他的身体（包括大脑）接收到刺激，产生感知觉或生理的和心理的种种反应，形成各种体验。经历是内在于体验的过程和体验的必备要素，体验与经历天然一体，由经历再构而成；感受是体验的内核，人感受到了什么，也就体验到了什么；情感是体验不能缺少的重要形式，不仅是体验过程合乎逻辑的结果，而且在整个体验过程中，作为一个逻辑前提引导、规定着体验过程的价值取向和发展方向。体验的内容、本质特征决定了它在个体认同中的重要作用：一个人在成为个体以及确证自己是个体的过程中的体验，将成为他选择个体认同的依据；成为个体与不成为个体的价值体验对于个人在社会价值冲突中确立个体认同的历史地位具有重要意义；全部的生存体验则为个体认同的理性把握提供主体条件。

【关键词】体验；个体认同；经历；感受；情感

个体认同系统的形成和发展直接建立在个人以个体为核心的体验性经验的基础上。经由体验，个人可以“追本溯源”找到“活得好”或“活得不好”的原因，从而认同个体或拒斥个体。因此，体验是构建个体认同系统的基本环节。

---

* 本文为国家社科基金一般项目“信息时代个体认同的哲学研究”（项目编号：20BZX017）阶段性成果。

** 尹岩，上海大学哲学系教授，研究方向为价值哲学。

一、体验的哲学含义

“体验”的词语解释是：“动词，通过实践来认识周围的事物；亲身经历。”① 在日常用语中，体验一般有四种含义：（1）体察、考察；（2）亲身经历、实地领会；（3）通过亲身实践所获得的经验；（4）查核。体验在现代社会为哲学、美学、伦理学、心理学、文学、教育学等学科的常见学术术语。学者们对体验的本质、特点、属性等做了多学科、多角度和多层次的阐释。胡塞尔把体验作为现象学的一个重要概念，指出：“如果有人说，我体验了 1866 年和 1870 年的战争，那么在这个意义上的‘体验到’就意味着一些外在过程的组合，而体验在这里是由感知、判断和其他的行为所组成的，在这些行为中，这些过程成为对象性的显像（Erscheinung），并且常常成为某个涉及经验自我之设定的客体。”② 在传统心理学中，体验这个概念“通过心理现象的范畴提出来。每种心理现象都被其特定地列入这种或那种‘情态’（情感、意志、表象、记忆、思维等）加以评定，而从内部结构方面上看，首先是被从‘内在物体性’的存在，或者物体的内容方面加以评定。其次是以主体直接感受到的东西，为主体提供的东西来加以评定。心理现象的这一种角度在体验概念中被确定”③。我国学者对体验也提出了几种见解：“体验也是一种反映，但它不是对外在对象的反映，至少不是直接对这种对象的反映，而是对主客体关系运动后果的一种反映”，是人的“本体感觉”④；“体验，是为达到评价理解而必具的一种思维活动。人们通过体验而理解评价对象的内在含义，从而为进一步评价这一对象对主体的意义奠定了基础”⑤；体验“是主体对客体的情感性感受、体察与体悟”⑥；“体验是主体对于生命意义的把握”“一种活生生的具体的心理活动”⑦；“所谓体验，就是产生情感的过程，或者说是对

---

① 《现代汉语词典》（第 7 版），商务印书馆 2016 年，第 1288 页。

② ［德］埃德蒙德 · 胡塞尔著：《逻辑研究》（第二卷第一部分），倪梁康译，商务印书馆 2015 年，第 692 页。

③ ［苏］Ф.Е. 瓦西留克著：《体验心理学》，黄明等译，中国人民大学出版社 1989 年，第 14—15 页。

④ 李德顺、马俊峰：《价值论原理》，陕西人民出版社 2002 年，第 218 页。

⑤ 冯平：《评价论》，东方出版社 1995 年，第 199 页。

⑥ 陈望衡：《当代美学原理》，人民出版社 2007 年，第 95 页。

⑦ 童庆炳主编：《现代心理美学》，中国社会科学出版社 1993 年，第 54 页。

需要的情感反应”①；“这种内在于人的身体并改变人的身体存在形态的经验，我们把它叫做‘体验’”②。除了下定义解释体验之外，时下还出现了很多与体验相关的语词，如体验经济、体验式教学法、体验医学、审美体验、心理体验、道德体验、用户体验，等等。从上述体验的定义以及语词使用情况可以看出，由于人的复杂性、体验一词的高度涵盖性，以及学者的认知差别、世界观立场、研究取向以及理论学派的不同，学者们对体验内涵的理解有明显的差异。

体验是一个再构词，它被构造出来与人们对于生命的人文主义关照联系在一起。加达默尔指出：“相对于知性的抽象，正如相对于感觉或想象的个别性一样，生命这个概念就暗含对整体、对无限的关系，这一点在体验一词迄今所有的特征中是显然可见的”，“施莱尔马赫为反对启蒙运动的冷漠的理性主义而援引富有生命气息的情感，谢林为反对社会机械论而呼吁审美自由，黑格尔用生命（后期是用精神）反抗‘实证性’，这一切都是对现代工业社会抗议的先声，这种抗议在本世纪初就使体验和经历这两个词发展成为几乎具有宗教色彩的神圣语词”。③作为个体认同系统建构环节的体验所指的是这样一种现象：一个人自身需要的满足与不满足，以及一个人与自身或外部事物、环境发生关系，从事某种活动，处于某种状态，他的身体（包括大脑）接收到刺激，产生感知觉或生理的和心理的种种反应，如高兴、愉悦、舒服、兴奋、激动、感动、轻松、喜爱或憎恶、难受、难过、痛苦、劳累、压抑、紧张、焦虑、恐惧、悲伤、愤怒，等等。

二、理解体验：经历、感受与情感

体验关联着经历、感受、情感，这在我们的经验中已得到证实，也反映在人们关于体验的各种解释中。加达默尔说过，“在施莱尔马赫那里并不缺乏与体验具有同一意义范围的同义词”，并对此加以注释，“如生命行为、共同存在的行

① 王智：《价值与体验》，广西师范大学出版社 2008 年，第 41 页。

② 孙利天：《21 世纪哲学——体验的时代？》，《长白学刊》2001 年第 2 期。

③ ［德］汉斯–格奥尔格·加达默尔著：《真理与方法：哲学诠释学的基本特征》（上卷），洪汉鼎译，上海译文出版社 2004 年，第 81—82 页。

为、环节、自身的情感、感觉、影响、作为情绪自身的自由规定的激动、原始的内心东西、精神振奋等等”。[①]因此，这三者对于体验的意义，对于理解体验是非常必要的。

首先，经历是内在于体验的过程和体验的必备要素，体验与经历天然一体，由经历再构而成。加达默尔在研究体验一词的来历时指出，在欧洲，体验一词在19世纪70年代成为一个与“经历”相区别的惯常用词，但是它是从分析“经历”一词的意义去获得新构造的词，[②]“如果某个东西不仅被经历过，而且它的经历存在还获得一种使自身具有继续存在意义的特征，那么这种东西就属于体验”[③]。“经历”指的是人“亲身见过、做过或遭到过”[④]。经历了，就要在经历者身上留下印记。留下了什么印记，这个印记有何意义，经历显然表达不了这些内容，因此就需要使用另一个概念。在找不到合适的概念表达上述内容时，德国人就对“经历”再构造，创造了一个新词——体验。加达默尔考证了体验一词的来历并阐释了它的独特意义：“经历首先指‘发生的事情还继续生存着’”，由此，“‘经历’一词就具有一种用以把握某种实在东西的‘直接性的特征’”；“所经历的东西始终是自我经历的东西”，但是，“所经历的东西”也是“在某处被经历的东西的继续存在的内容能通过这个形式得到表明，这种内容如同一种收获或结果，它是从已逝去的经历中得到延续、重视和意味的”；“对‘体验’一词的构造是以两个方面的意义为根据的：一方面是直接性，这种直接性先于所有解释、处理或传达而存在，并且只是为解释提供线索、为创作提供素材；另一方面是由直接性中获得的收获，即直接性留存下来的结果”。[⑤]体验发生在经历中，没有经历绝不会有体验，只是在经历了什么的内容才可能涉及体验。当然，经历并不等

---

① ［德］汉斯-格奥尔格·加达默尔著：《真理与方法：哲学诠释学的基本特征》（上卷），洪汉鼎译，上海译文出版社2004年，第82页。

② ［德］汉斯-格奥尔格·加达默尔著：《真理与方法：哲学诠释学的基本特征》（上卷），洪汉鼎译，上海译文出版社2004年，第78页。

③ ［德］汉斯-格奥尔格·加达默尔著：《真理与方法：哲学诠释学的基本特征》（上卷），洪汉鼎译，上海译文出版社2004年，第79页。

④ 《现代汉语词典》（第7版），商务印书馆2016年，第686页。

⑤ ［德］汉斯-格奥尔格·加达默尔著：《真理与方法：哲学诠释学的基本特征》（上卷），洪汉鼎译，上海译文出版社2004年，第78、79页。

于体验。经历或许包括体验，或许不包括体验，或许除了体验之外还有其他的内容，比如人自身或对象的改变、各种情感等。也就是说，经历并不必然包括体验所表达的内容。如果将两个概念混为一谈，往往会出现“作为血肉之躯经历过就体验过”的惯性思维使经历“狭隘化”为体验的现象。

其次，感受是体验的内核。“感受”的语义解释是：动词，受到（影响）；接受；名词，接触外界事物得到的影响；体会。[①]感受是人体对其感受器接受刺激而产生的感觉的反应。人有各种感受器，生理学将其分为内感受器、外感受器和本体感受器。这些感受器接受内、外环境刺激，将其转换成神经冲动，传递给人的神经系统，使人产生某种感觉。感觉的形成同时带给人以某种影响，这些影响在人机体上反映并体现出来就是人的感受。木板用力打在人的身体上，其作用力为人的感受器所接受，并转换为生理神经冲动，人产生痛觉，这种痛觉意味着人的身体正经历着不利于自身的变化，反映在人的身体上就是某种程度的痛苦——因痛而难受；一个人听到了高分贝的声音，紧张、烦躁、心神不定等都是感受。感受是人以生命之躯对自身以及外部环境对自身所造成的影响的直接、具体、活生生的反应，是与人的生理和心理联系在一起的生命经验，也是生命存在的表征，而这正是体验所具有的内涵和特征。体验本质上是人的神经系统对于刺激的反应——客体对于主体作用在身体上的反应，反映主体的感觉对于自身的意义。体验以人自身的感受器接受各种刺激，以身体面向来自自身变化和环境的作用，而这正是感受的内容。因而，体验以感受为核心，没有感受，不成为体验；人感受到了什么，就体验到了什么，没有感受，就没有体验；从感受的角度说，感受就是体验。

再次，情感是体验的最重要形式，情感是情感和情绪的统称。“情绪是指个体对客观事物所持有的具有较大的情景性、激动性和暂时性的态度体验及相应的行为反应”，“主要以客观事物是否满足个体的基本需要为基础”，“情绪发生时，往往伴随着一定的生理变化和外部表现”，“基本情绪可分为喜、怒、哀、惧等”。[②]情感是“个体对客观事物所持有的比较稳定的、深刻的、具有社会意义的

① 《现代汉语词典》(第7版)，商务印书馆2005年，第425页。

② 杨治良、郝兴昌主编：《心理学辞典》，上海辞书出版社2016年，第352页。

态度体验及相应的行为反应”，包括“喜爱、厌恶”“爱、恨、嫉妒”等。① 情绪和情感的共同本质是，它们都是反映个人对周围现实（包括人们之间的社会关系和对客观世界的关系）以及自己本身态度的心理体验方式。“在实际生活中，情感的产生会伴随着情绪反应，通过具体的情绪才能表达出来；而情绪的变化又往往受情感的控制”②，因此，哲学和心理学对情感和情绪“一般不作严格区分”，学者们常常把两者相提并论，或者将两者合二为一，统称为情绪或情感。心理学研究中倾向于使用情绪，其中包含情感；哲学研究中倾向于使用情感，大多包含情绪。从上述情绪、情感概念的内涵和外延可以看出它们与体验的内在联系，它们分别被抽象为“人对现实的对象和现象是否满足人的需要而产生的体验”“有机体的生理需要是否获得满足的情况下产生的体验”。③ 从体验的内涵也可以看出情绪和情感是体验活动的结果，体验的许多结果本质上就是情绪和情感。之所以如此，是因为体验总是和人的活动联系在一起，因而就与人的需要的满足与不满足不可分割地联系在一起。人所从事的任何一个活动都与他的需要的满足与不满足相关，即使一个人从事的活动的直接目的是满足他人、社会的需要，只要他是这一活动的承担者、关联者，他自己的需要就被牵扯进这一活动中，或者被满足或者不被满足。“同人的需要毫无关系的事物，人对它是无所谓情感的；只有那种与人的需要有关的事物，才能引起人的情绪和情感。而且，依人的需要是否获得满足，情绪和情感具有肯定或否定的性质。凡能满足人的需要的事物，会引起肯定性质的体验，如快乐、满意、爱等；凡不能满足人的渴求的事物，或与人的意向相违背的事物，则会引起否定性质的体验，如忿怒、哀怨、憎恨等。”④ 体验发生在人的一切活动中。体验活动可以是人们以体验为目的的专门活动（如读各种文学作品），情感是最重要的目标，即使体验活动是伴随着人的其他对象性活动而发生的活动，因为这些活动与需要的满足和不满足联系在一起，情感也是其不能避免的结果。体验与情感（广义的）的这种内在关系表明，情感是体验不能缺少的重要形式之一。如果体验活动是以个人生活需要的满

①② 杨治良、郝兴昌主编：《心理学辞典》，上海辞书出版社 2016 年，第 352 页。

③ 黄楠森等主编：《人学词典》，中国国际广播出版社 1990 年，第 630、636 页。

④ 曹日昌主编：《普通心理学》（下册），人民教育出版社 1979 年，第 44 页。

足展开的，情感便是主要的体验结果；如果体验活动是以社会要求、共同体为目的的，社会性情感则是最重要的内容。从体验活动的逻辑过程看，情绪和情感不仅是体验过程合乎逻辑的结果，而且整个体验过程中，体验主体的情绪和情感作为一个逻辑前提在体验活动一开始就引导、规定着体验过程的价值取向和发展方向。

三、体验对于个体认同的意义

体验的内容、本质特征决定了它在个体认同中的重要作用。这主要表现在三个方面：

首先，一个人在成为个体以及确证自己是个体的过程中的体验，将成为他是否选择个体认同的依据。体验对于形成价值意识的作用在日常生活中比比皆是。糖的甜蜜滋味使人产生吃糖的欲望；如果吃到一颗糖必须历尽千辛万苦，人或许将放弃吃这颗糖的念头。体验形成价值意识是体验的机能，人是通过体验的这种机能趋利避害，保存和发展生命。"价值意识的产生主要是从个体的本体感觉即体验开始的，而不是从对外物的感觉经验发生的""一定的事物、客体对主体的作用，在主体身上引起某种快乐或痛苦、愉悦或难受、兴奋或压抑，主体的体验就把这些后果转化为意识，变成了经验，这种本体感觉或体验性感觉才是价值意识的源头""这种体验性经验的重复，使得人把那些能够引起快乐体验的事物和那些引起了痛苦体验的事物区分了开来""趋利避害就是建立在这种体验性经验的基础上的"。[①] 体验使主体进入即刻的价值判断或评价的意识活动中，对快乐、愉悦等感受的刺激源被认为是好的，引起难受、抑郁、痛苦等感受的刺激源被认为是不好的，由此形成的价值判断、价值评价以记忆的方式留存在人的意识中，成为个人价值选择的主体依据。体验的上述作用，在个体认同中体现出来。个体认同给个体带来的好的体验，以其直接性、现实性、根本性成为对个人个体认同最有力的说服和鼓动。一个人在理论上，可能不懂得个体认同的合理性和必然性，

① 李德顺、马俊峰：《价值论原理》，陕西人民出版社 2002 年，第 218 页。

别人对他的任何劝说也可能意义都不大，但是，只要个体认同让他体验到了本体安全、尊严、独立、自由和存在的意义，他就会自觉选择个体认同，以不屈不挠的毅力将个体认同贯彻下去。如果个体认同不但没有给他带来好的生存论意义上的体验，反倒使之处于焦虑、痛苦、自我否定等不好的体验之中，那么，无论别人怎样劝说或鼓动，都不会使他选择个体认同。

其次，成为个体与不成为个体的价值体验对于个人在社会价值冲突中确立个体认同的历史地位具有重要意义。个体认同是现代社会个人存在和发展的需要，也是被建构的个人的社会性需要。个体认同这一价值选择要不断地面对原有的、与之不相容的价值体系的挑战。个体认同能否在与原有的价值冲突中确立起来，体验是关键。价值体系一经形成，便具有相对的稳定性。在社会发展的过程中，一些业已形成的价值体系，尤其是价值观念体系，仍然具有现实合理性，但是也有一些价值体系是新的价值体系建立的阻碍力量。当一些价值体系已经不具有现实合理性的时候，体验就会以其直接的、现实的效应使人们意识到这些价值体系已经过时了，这将促使人们自动放弃它们，接受或确立新的价值体系。如果原有的价值体系仍然是社会发展所需要的，具有社会进步意义、肯定性的体验将会使人们自觉地强化和发展这些价值体系。个体认同作为符合现代社会发展趋势的新的价值体系是新生事物，要在现实社会生活条件下战胜那些与个体认同相背离的价值体系，才能在社会中被确立起来，成为人们普遍的价值共识，体验则是实现这一目标必不可少的环节。当个体认同成为社会主导性价值体系的时候，那些与个体认同相违背的价值体系将给固守它们给人带来否定性的体验，同时，确立个体认同价值选择将为个人带来肯定性的体验，这样，个人在利益的权衡中将最终选择个体认同，确立与个体认同一致的价值意识。

最后，体验为个体认同的理性把握提供主体条件。一个人对待个体认同的态度是什么层次的？又怎样将个体认同付诸个人的生活活动？个体认同在何种意义上介入了个人生活？这三个问题共同指向了个体认同发展的程度，即它的深度和广度，而其中的一个关键指标就是个体认同是否达到了理性阶段以及对个体认同的理性把握达到了何种层次。在这里，理性指的是感性反映形式和理性反映形式的总和，与情感、意志以及潜意识、信念（信仰）、习惯等非理性相对。[①] 非理性是体验的主要内容和结果，因此，非理性对于理性的作用与体验对于理性的作用是统一的。体验对于个体认同的理性的形成和发展具有特别意义。

第一，体验对于个体认同的理性具有“激活和驱动作用”。个人对于个体认同的认识活动产生于现实生活的实际需要，这种实际需要是个体认同的认识活动内在驱动力，“但是，这种内驱力的信号必须具有一种放大的媒介才能激发人去行动和认识，起这种放大作用的就是情感、意志等非理性因素”，“情感、意志等非理性因素对内驱力的强化”使主体思维“保持高度的紧张和觉醒状态，随时捕捉（选择）对主体有意义的客体信息，并积极地从记忆中提取内部信息与外部信息进行对照和编码，从而形成关于客体的完整认识”。[②] 因此，可以说，没有体验，就不会产生对于个体认同认识的追求，就不会有对于个体认同深刻而全面的理性把握。

第二，体验在个体认同的理性把握中具有“参照作用”。要把对个体认同的认识作为一个自觉的认识活动，需要认识主体选择能够满足主体认识需要的事物作为认识对象。把满足个人对个体认同的认识需要有紧密关系的事物筛选和凸显出来，这就需要有一个参照系统，而“情感、意志等非理性因素就是这样的参照系统”[③]。如果没有体验，就没有情感、意志等非理性意识对于个体认同认识的参照作用，个人对于个体认同的认识将无法恰当地选择客体而最终形成有效的认识活动，因而也就无法满足个人对个体认同认识的需要。

第三，体验有助于个体认同的认识过程对于“善”和“美”的价值追求。对于个体认同的理性把握是一个追求真理的过程，但是，这一过程也包含个人对“善”“美”等价值的追求，而这正是情感、意志等非理性因素的意义所在。意志“是一种追求价值、使认识具有善的属性的主体能力。它通过产生需求意识、提出价值目标、对认识过程进行有力的控制，使认识结果具有一定的价值性即能够

① 与“非理性”相对应的“理性”和与“理性”相对应的“非理性”，有别于与“感性认识”相对应的“理性认识”和与“理性认识”相对应的“感性认识”，相当于“认知”（非价值意识）和“态度”（价值意识）。这种界定在逻辑上是自洽的。参见肖前主编：《马克思主义哲学原理》（下册），中国人民大学出版社 1994 年，第 576 页。

② 肖前主编：《马克思主义哲学原理》（下册），中国人民大学出版社 1994 年，第 577 页。

③ 肖前主编：《马克思主义哲学原理》（下册），中国人民大学出版社 1994 年，第 578 页。

满足主体的某种需要”，意志也追求“满足主体的美的需要”，“通过审美这一特殊的情感体验方式来实现”，“人们不仅按照美感选择、整理和建构客体信息，形成关于客体的完整认识，而且还按照美的需要构造理想客体，形成实践理念”。①

个体认同是一个复杂而丰富的过程，对于个体认同的认识有不同的维度、领域、方面，要想深刻地反映个体认同的内容，非理性的作用是不能缺少的，即非理性因素自身的状况、发展的程度和个人体验达到的程度紧密联系在一起。因此，体验影响个体认同的理性把握所能达到的界限和范围。

【执行编辑：陈新汉】

① 肖前主编：《马克思主义哲学原理》（下册），中国人民大学出版社 1994 年，第 579 页。

文化与价值研究

Research on Culture and Value

对话刘吉发教授　谈文化价值研究策略*

刘吉发，教授，博士生导师，享受国务院政府特殊津贴。陕西省政协委员、国家社科基金项目评审专家、陕西省委讲师团特聘专家、陕西文化发展与融合创新智库首席专家。现任长安大学师德建设委员会委员、长安大学马克思主义学院学术委员会主任、陕西省文化产业协同创新研究中心主任、长安文化产业研究中心主任。主要从事马克思主义政治哲学、文化产业与管理等领域的教学与研究工作。荣获省部级教学科研成果奖励20余项，荣获高校思想政治理论课影响力提名人物、陕西省优秀社会科学普及专家、陕西省师德标兵、陕西省教学名师等荣誉。

陈小刚，陕西国防工业职业技术学院副教授，兼任全国机械职业教育政研会“课程与资源建设委员会”委员、陕西省马克思主义研究会会员、陕西省孔子学会会员。长期从事思想政治教育和区域文化研究。入选陕西高校“青年杰出人才支持计划”。

陈小刚：刘老师，您好！非常感谢您接受这次采访。马克思主义政治哲学、文化产业与管理一直是您研究的重点，许多成果在学界产生了较好的影响，尤其是中华原文化的研究，引起学界的广泛关注，请您谈谈如何理解原文化。

习近平总书记在庆祝中国共产党成立100周年大会暨“七一”讲话中首次提出“坚持把马克思主义基本原理同中国具体实际相结合、同中华优秀传统文化相结合”[①]，从而形成了马克思主义中国化的“两个结合”思想论断。习近平总书记提出的“两个结合”重要论断既体现了马克思主义中国化的理论自信，又体现了

* 本文为中国机械政研会课题（项目编号：SZ23B047）；陕西省教育科学“十四五”规划项目（项目编号：SGH23Y3025）阶段性成果。

① 《在庆祝中国共产党成立100周年大会上的讲话》，人民出版社2021年，第13页。

文化自信，奠定了中华民族政治自信的思想基础，标识着中华文明伟大复兴的时代自觉。

“所谓中国优秀传统文化，是指中国传统文化的精华所在、精神所在、气魄所在，是体现民族精神的价值内涵。”[①] 中华优秀传统文化的基因植根于中华民族发展的文化之源，构成了中华民族创造伟业的精神财富，表征着中华民族伟大复兴的思想智慧。精神文化是人类社会文化体系的核心内容，而符号文化又是人类社会精神文化的重要载体。从中华民族符号文化历史演进的生成逻辑看，“原”既是中华文化符号之源的文化母体，也是中华民族文化之源的文化之根，它孕育了中华优秀传统文化的基因，具有传承发展中华优秀传统文化的本原意义。中华传统文化必有其生成源头和内在基因，中华原文化正是中华优秀传统文化历史生成的文化根基和内在基因的文化表达。

问：中华原文化在中国历史上具有重要的地位和价值，请您结合最新研究成果谈一谈。

中华原文化是中华优秀传统文化的关键基因和生成母体，它表征着中华优秀传统文化历史生成的原生形态，代表着中华优秀传统文化基因传承的文化特质。历史地看，中华原文化不仅是中国文化历史发展的文化之源，而且是传统社会东方文化历史版图的文化标本，构成了中华优秀传统文化辐射东亚地区的文化原点，孕育了东方社会文化发展演进的历史高原。

首先，从文化时间的维度看，中华原文化是我国周代文脉显化而成的周礼文化。中华文化经过夏商两代的孕育，到了周代已经显化成维系中华民族社会生活的历史文脉，并沉淀为中华优秀传统文化的思维，浓缩为中华优秀传统文化的价值基因。周礼是中华优秀传统文化的历史之根，进而内化为中华优秀传统文化的价值基因，构成了中华优秀传统文化的精神特质，从而表征着中华优秀传统文化呈现于时间之维的原文化。

其次，从文化空间的维度看，中华原文化是中原大地孕育的文化。中原大地

---

① 李宗桂等著，《中国优秀传统文化的现代价值》，人民出版社 2019 年，第 7 页。

是黄河流域的核心板块，中华先祖自古就在中原大地上繁衍生息，从 212 万年前的上陈人到 115 万年前的蓝田人、从 9000 年前的华胥氏族到 5000 年前的炎黄部落，都勾勒了中华先祖植根于中原大地的文化创造，奠定了中华民族文化创造的历史文脉，进而构成了中华民族文化创造的原生之地。中原是黄河文化的生成之地，也是中华文明的孕育之地，更是中国符号文化的诞生之地。中原具有中华民族历史生成的标识意义，从而构成了中华民族原居社会的文化版图，代表着中华民族文化生成的历史空间。

再次，从文化逻辑的维度看，中华原文化是中华传统文化逻辑轴心的儒家文化。春秋战国时期形成的诸子学说代表着中国古代不同学派社会治理的不同方案，构成了中华先民探求社会治理之道的东方智慧。其中，儒家文化是中华民族群体和谐价值取向的最佳表达，它把中原文化的礼乐秩序上升到了文化意识的高度，形成了轴心时代表征东方社会秩序价值的儒家学说，为东方社会历史发展的文化选择提供了儒家方案。

最后，从文化价值的维度看，中华原文化是中华传统文化核心价值的民本文化。中华民族“天人合一”的文化理念不仅孕育出“和合天下”的文化意识，而且也内导着中华民族文化思维聚焦于“以和为贵”的人伦关系。人伦关系构成了中华优秀传统文化的思维轴心，并沉淀为中华优秀传统文化的价值逻辑。在中华文化发展演进的历史进程中，君民关系始终是中华民族伦理关注的核心议题，表征着中华文明对社会价值生活的理性关注。在对君民关系的理性关注中，占主导地位的始终是中华优秀传统文化的民本思想，民本思想构成了中华优秀传统文化的价值核心。

问：中华原文化作为一种新的文化范式，请您简要分析一下。

一是文化生活的时间之原。时间之原是符号之“原”的首要含义，也是符号之“原”文化表征的核心要义，它代表着中华原文化思维逻辑的文化原点。时间是一切运动着的物质存在的基本形式，也是人们把握世间物质运动形式的文化视角。社会物质生活实践的历史过程需要时间的尺度，因而时间成为理性思维把握事物的基本方式。从文化时间的维度看，“原”由水流之初引申出物质运动的最初、开始、本来之义，进而更为集中地表征着人类社会活动开展的原始、原初、原来的初始状态，也更为广泛地表征着世界万物运动的历史起点。

二是文化生活的空间之原。空间之原是符号之“原”的重要含义，也是符号之“原”文化表征的空间拓展，它代表着中华原文化思维逻辑的文化空间。时空代表着物质运动的两种基本形式，时间表征着物质运动的延续性，而空间表征着物质运动的广延性，时间和空间作为文化认知形式紧密相连。因此，除了符号之“原”的时间表征内涵之外，空间便成为符号之“原”文化表征的又一维度。我国周代已有中华民族从事农业活动场所的“周原”之说，表征着中华先民在农耕社会所依赖的生存条件，也代表着人类社会生存发展所依赖的物理空间。

三是文化生活的逻辑之原。逻辑之原是符号之“原”的理性含义，也是符号之“原”文化表征的思维升华，它代表着中华原文化思维逻辑的文化理性。文化之原所表征的精神生活的思维指向标识着文化创造活动从物质空间向思维空间的历史跨越，代表着文化创造活动的精神领域。符号之“原”具有原因、原本、原理之义，其本身表征着人类思维活动达到了事物内在本质及其发展规律的学理境界，体现了精神生活由把握特殊走向把握一般的思维逻辑，代表着理性思维的文化生成，凸显了精神生活的理性逻辑，标识着精神生活的反思活动。

四是文化生活的价值之原。价值之原是符号之“原”的价值回归，也是符号之“原”文化表征的人本指向，它代表着中华原文化逻辑思维的文化价值。符号之“原”的人文内涵不仅标识着文化活动从感性之原走向了理性之原，而且也标识着文化活动从客体之原走向了主体之原。人类社会的价值创造必然以人为本，人类社会的一切价值活动皆源于人，人是价值世界的最高存在，也是价值世界的最高本原。从人类认识活动所指向的理性之原走向人类实践活动所指向的主体之原，体现了文化创造活动的价值回归，主体之原构成了价值世界的主体坐标。

文化时间之维的周礼文化、文化空间之维的中原文化、文化逻辑之维的儒家文化、文化价值之维的民本文化共同构成了中华原文化四维合一的文化结构，奠定了中华原文化四维合一的学理定位，构筑了中华优秀传统文化四维结构的精神具象。中华原文化代表着中华优秀传统文化结构体系的价值胚胎，表征着中国古代农业文明原生形态的文化存在，代表着中华民族贡献给人类社会健康发展的东方智慧，从而标志着人类社会原文化历史生成的经典形态。

问：黄河流域作为中华文明的诞生地之一，请您谈谈黄河文化的历史地位。

华夏民族是缔造中华文化的主体民族，而黄河则是孕育和滋养华夏民族的“母亲河”，中华文化的历史高地则奠基于黄河流域。自古以来黄河文化就是中华文化的历史轴心，黄河文化的历史脉络在渭水流域清晰可见，从而形成了中华文化历史演进的“三五八”文化长廊，即三千年的长安文化构成了中华文化不断演进的历史文脉，五千年的炎黄文化构成了中华文明历史生成的文化标识。

三千年的长安文化主导着中国传统文化的历史演进，奠定了中华黄河文化历史演进的主导轴心。中华文化从社会建制的视角来看，发源于以周礼为代表的社会秩序；周朝礼制的制度文明形成于渭水流域，代表着东方秩序文化的历史生成。从文化观念的视角来看，儒家文化是中国观念文化的经典代表，它将周礼从礼制文化上升为观念形态，逻辑地建构了儒家学说的文化体系，从而形成了东方文化注重秩序的主流文脉；儒家文化从汉代长安“罢黜百家，独尊儒术”之后，首次上升为中华文化主流形态的文化高度。汉代将儒释道三元文化进行整合，从而形成了中华文化“明儒暗道、三元互补”的文化思维。中华文化的国际化传播，也是从汉代长安开始的；长安文化不仅主导了中华文化的历史走势，而且成为中华文化国际化的历史起点。长安文化沿“一带一路”形成了两条国际传播线路：一条是“中原文化边疆化、边疆文化国际化”的陆上文化传播之路，另一条则是“中原文化沿海化、沿海文化国际化”的海上文化传播之路。

五千年的炎黄文化构成了中华民族的文化标识，给中华民族留下了炎黄子孙的文化认同。“炎黄”是传说中上古中国两个部落领袖的合称，炎即是炎帝，黄即是黄帝，炎黄二帝被视为华夏民族的共同始祖。因此，炎黄文化立足于中国黄河流域，正是渭水流域表征中华民族文明存在的文化标识。陕西拥有作为历史文化标识的炎黄文化，有着得天独厚的历史文化传承发展的文化优势，从而构成了中华民族文化信仰的历史承载。

八千年的华胥文化标识着中华文化的历史渊源，代表着中华民族历史萌生的文化之根。华胥氏是中国上古时期华胥国的女首领，她是伏羲和女娲的生身母亲，也是炎帝和黄帝的直系远祖，被誉为中华民族的文化“人祖”，因而也是中华民族的“始祖母”，华胥国则标识着中华文化的生成母体。中华民族之“华”源于华胥之“华”，华胥是华夏之根和民族之母。

黄河除了打造河岸文化，还要打造流域文化。流域文化覆盖面更为广阔，人们在黄河流域创造了灿烂的历史文化，形成了东方文化的历史经典。渭水作为黄河的最大支流，其核心流域恰恰是黄河文化的核心发展区。渭水流域毋庸置疑是中华民族实现国家统一的重要奠基之地，华夏人文初祖炎黄二帝在此立根，奠定了中华民族五千年的文明基础；周秦汉唐等 13 个朝代凭借渭水流域建都长达千余年之久，使中国名列世界四大文明古国之一，且成为发展至今唯一尚未中断的文明体系。渭水流域不仅有着厚重的历史文化积累，而且流域内人类文明的创造活动迄今依然高度繁荣，因而陕西应当开发渭水流域的文化核心功能，挖掘渭水流域最具代表性和标识性的文化资源，依托渭水文化打造黄河文化的核心展示区。

问：黄河流域文化作为中华文明重要的根和源，请结合您的研究成果，谈谈如何更好地保护传承弘扬黄河流域陕西段文化。

陕西位于黄河流域中游，是黄河文化的主干区域。黄河流域陕西段拥有黄河全流域最为富集的文化资源，拥有中华文明史完整序列载体，这在中华文明发展史中具有重要的文化地位。紧密围绕“保护为先、永续利用”的主基调，在深入巩固黄河流域陕西段文化保护传承弘扬前期工作成效的基础上，进一步创新黄河流域陕西段文化保护传承弘扬路径，更加系统地推进黄河流域陕西段文化保护传承弘扬工作，从而让黄河流域陕西段文化充分焕发新时代生机。

一是统筹黄河流域陕西段文化保护传承弘扬的“两个维度”。建议统筹黄河流域陕西段文化保护传承和阐释弘扬两个维度，积极加强沿黄流域以远古遗址、历史遗迹等为代表的中华文明标识载体的挖掘和保护工作，着重做好沿黄流域的历史文化资源、红色文化资源、生态文化资源以及民俗文化资源的保护和传承工作。紧紧结合黄河作为母亲之河、孕育中华文明之河、造福民生之河的客观定位，加快提炼黄河流域陕西段文化的文化精髓。遵循“载体—产品—品牌”的建设思路，大力推动静态文化动态化、传统文化现代化、文化资源产业化、文化产品品牌化，建设一批具有黄河文化特色、彰显陕西精神的高品质文化景区、文化产品和文化品牌，助力黄河流域陕西段打造中华文明标识高地。

二是构建黄河流域陕西段文化保护传承弘扬的“二二三五”空间格局。建议按照突出特色、区域联动的整体思路，构建“两地引领、两廊贯穿、三区协同、五带支撑”的保护传承弘扬空间格局。加快构筑以大西安为核心、辐射关中六市两区的关中文化高地，和以延安为核心、联动榆林与关中的红色文化高地。推动形成以黄河干流为主体、以沿黄观光公路为通道，串联沿线自然文化景观的世界级黄河文化和旅游廊道；推动形成以渭河为依托，串联渭河和秦岭生态资源，联动周、秦、汉、唐历史文化资源的渭河文化生态廊道；积极建设陕北管控保护区、延安主题展示区和关中文旅融合区三大主体功能区；着力打造丝路文化旅游带、古都文化旅游带、红色文化旅游带、边塞文化旅游带和秦岭生态文化旅游带；同时积极推动秦晋豫、晋陕蒙、陕甘等跨省份文化合作项目。

三是构筑黄河流域陕西段文化保护传承弘扬的“五大路径”。建议构筑以非遗整体性保护为前提的“黄河文化记忆”路径，建立健全“黄河文化记忆”整体传承保护体系，提升“黄河文化记忆”的传播推广能力。构筑以文化和旅游融合为动力的“魅力黄河”路径，依托沿黄观光公路，打造世界级黄河文化旅游廊道；紧扣文化和旅游融合发展主线，强化“项目带动 + 产品升级 + 公共服务配套”三位一体机制；建立跨界融合发展机制，培育文旅 IP，拓展新型业态。构筑以生态文化整体联动为基调的“国家公园”路径，深挖古今陕西黄河生态治理的文化资源，提升黄河生态文明的国际影响力；聚焦黄河生态资源整体性保护利用，打造陕西黄河生态文化景观公园。构筑以文化艺术创作为手段的“黄河故事”路径，持续鼓励黄河流域陕西段群众参与黄河题材的文艺精品创作；积极开展黄河文化国际交流。构筑以数字化保护利用开发为前瞻的“臻美陕西”路径，积极布局建设陕西黄河文化数字化保护体系；鼓励支持数字文化产业发展；积极打造面向陕西黄河文化的全媒体矩阵，从而有效提升陕西黄河文化数字化传播能力。

问：建设黄河文化旅游带对于推动陕西高质量发展具有重要意义，请谈谈您关于建设黄河文化旅游带的想法。

弘扬黄河文化所蕴含的时代价值，推动黄河中游经济社会与文化传承协同发展，打造黄河中游文化高质量发展的时代版图。

一是秦晋南北纵向沿黄生态文化旅游带。沿黄纵向文化旅游带是一条南北纵向生态文化旅游带，其主要载体是陕西在黄河西岸修筑的沿黄公路，这为沿黄文化旅游带建设提供了极其重要的交通设施。黄河从内蒙古由北向南奔流而下，构成了秦晋两省的天然分界线，这条流段也是黄河流域的重要“黄源区”，且集中体现了黄河九曲奔腾、雷鸣咆哮的壮观雄姿，形成了浑然天成的黄河奇观，集中展现了江河文化九曲黄河的生态特质。

依托沿黄公路这一便利的基础设施，串联周边黄河生态文化和黄土历史文化资源，打造黄河生态文化南北纵向的文化旅游带，能使游客充分体验黄河南北贯通的雄浑奔放，领略黄河中段南北穿越的文化审美，品位中华民族自强不息的文化性格，为实现中华民族伟大复兴的中国梦凝聚民族精神。

二是陕豫东西横向黄河古都文化旅游带。陕豫东西横向古都文化旅游带，是指自西向东串联西安、洛阳、郑州、开封等历史名城的古都文化带，这也是一条中华民族历史文化的展示长廊。中华文化历史悠久，黄河文化博大精深。黄河流域的历史古都更能集中体现中华文化的创造活力，具有中华民族历史文化的标识意义。

古都文化应具备下列特征：其一是历史文脉的源远流长，其二是具有突出的区位特征，其三是呈现中华文化的核心价值，其四是承载民族文化的宏大格局，其五是至今仍为中心文化。陕豫两省兼具以上文化特征的知名古都，集中地表现为西安、洛阳、郑州、开封四大古都，可以构建四大黄河古都城市联动的协同机制，联手打造黄河古都文化旅游带，以“中华根，黄河魂”为古都文化旅游品牌，打造中华民族贯穿东西的民族文化长廊。特别是陕西应以长安文化为历史坐标，以渭河景观带为重要载体，以“关中—天水”文化资源现实基础，打造中华民族五千年文明发展的“原点文化”，从而成为陕豫古都历史文化长廊的文化龙头。

三是秦晋豫三省之交黄河文化金三角。关于黄河金三角概念的提出，始见于国务院于2014年印发的《晋陕豫黄河金三角区域合作规划》，但三省在“黄河金三角”区域合作实践方面有待拓展。今天在文化旅游产业方面，应当依托这一发展规划，在黄河金三角区域集中打造黄河文化展示区，形成“黄河文化金三角”的文化高地。秦晋豫黄河金三角地区是中华民族的重要发祥地，也是黄河生态文化与历史文化的集聚区，区域内国家级文物保护单位87处，省级文物保护单位233处，从而构成了黄河文化金三角的文化依托。

秦晋豫三省应进一步依托这一历史资源优势，以集约化方式打造黄河文化展示区，集中展示黄河文化的历史文脉，协同创建黄河文化博物馆。黄河文化起源于黄河之水，黄河文化展示区又回归于黄河之水，应在渭河入黄处建设黄河文化的核心展示长廊，全方位、立体化、多层次展现黄河文化的生态特质。陕西作为历史文化资源大省与文化旅游强省，最有能力打造黄河文化展示区，从而使黄河文化展示区成为全方位展示中华民族黄河文化的时代高地。

问：丝绸之路作为古代国家间文化交流的重要通道，当下如何复兴丝绸之路文化产业。

丝绸之路是人类历史上规模最大的文化交流通道，它联结了世界三大古文明发源地，促成了亚欧大陆上游牧民族与农耕民族之间的有无互通，建构了一个典型的多元文化集聚区。丝绸之路文化产业带是基于古代丝绸之路的地理空间、文化价值和经济功能，结合建设“丝绸之路经济带”战略构想和“推进丝绸之路经济带建设”国家战略，以文化先行为方式，以文化产业为先导，以加强同周边国家和地区文化交流与经贸往来为目的的推动区域经济社会发展的战略选择。它针对辖域内遭遇的“工业文明发展困境”，立足得天独厚的文化资源禀赋优势，依托文化产业自身特有的“非资源型依赖性、生态环境的低污染性以及物质财富和精神财富双重增值性”的经济引擎功能，发展具有浓郁丝绸之路印记的涵盖文化旅游、文化体育、工艺美术、影视娱乐、演出演艺、动漫游戏、文化产品生产和文化服务提供等多种门类的特色文化产业。这也是对古丝绸之路文化经贸往来优良传统的继承弘扬。

一方面，丝绸之路文化品质的多元性铸就了文化产业发展的可能性。丝绸之路文化产业带辖域内的国家和地区具备文化产业发展所需的文化认同基础和文化资源优势。陆上丝绸之路跨度7000多公里，是具有两千多年历史的，连接亚洲、非洲和欧洲的古代陆上商业贸易路线，对内主要包含陕西、宁夏、甘肃、青海和新疆。从地理空间角度看，虽然跨越国界，但亘古至今，丝绸之路沿线国家和地区之间的文化交流和文明交往从未中断，甚至在宗教信仰、语言文字、生活习俗等方面形成了一定的相通性。基于文化发展，意在发展文化的丝绸之路文化产业带具备深厚的民意基础和文化认同，这也构成了未来文化产业合作重要的前提和条件。

另一方面，文化产业支柱性产业的塑造潜力和功能契合国家建设丝绸之路经济带的战略定位。经过多年积累，丝绸之路文化产业带辖域内各国家和地区的经济社会发展虽取得一定突破，但方式较为粗放，表现出严重的资源依赖性，仍处于“经济凹陷带”，尤以中亚各国以及我国西北地区为甚。在资源约束趋紧和全球化不断深入的今天，通过产业结构调整实现经济转型升级已成为辖域内国家和地区颇为迫切的现实需要和内在诉求。尤其是我国西北地区，必须适应国内经济发展步入新常态的现实，统筹推进经济结构优化和外向型经济发展，培育新的支柱产业，寻找新的、稳定的经济增长点。

问：如何建设丝绸之路文化产业，请结合您的研究成果，谈谈自己的看法。

首先，政府层面要建立协同治理机制。在丝绸之路文化产业带建设过程中，政府要发挥主导作用，从宏观管理层面成立文化产业开发和文化跨域治理机构，着力进行文化遗产的制度性保护、产业规划的联合制定以及金融支持政策体系的建立健全；还要注重加强国家层面的宏观调控和政策协调，营造地区间的良性竞争氛围。在丝绸之路经济带战略构想提出后，西北地区分别跟进，并各自提出具有雷同性质的建设口号，然而在利己主义和排他心理驱动下，地方政府不免出现由“要政策、要项目、要资金”等传统思维惯性造成的同质化竞争倾向。因此，在资源禀赋和市场发育程度相似的实际情况下，更有必要从国家层面对各省市区功能定位进行厘清，强化区域协同和战略思维意识，既要避免以其他地区自我矮化为前提的臆想假设，又要避免以争食国家政策红利为目的一哄而起，更要避免基于短期利益的内耗博弈和无序竞争。

其次，文化企业层面要实现跨区域整合。一是要打造完整产业链条。市场力量在丝绸之路文化产业带建设过程中发挥着决定性作用，跨域治理和区域协同要为产业发展和文化繁荣服务。丝路文化的集聚性以及文化产业自身的衍生性和附着性决定了文化企业在参与建设丝绸之路文化产业带的过程中要具备渗透性和融合性，注重关联产业的融合和多级市场的渗透，这种融合和渗透并非单纯意义上的叠加，而是指利用科技手段加大主要产品和辅助产品的创新，发展新型业态，创造多元盈利模式，在打造完整产业链条的同时延伸价值链条，实现文化内涵和企业效益的共同提升。二是要组建跨国文化企业。文化企业要立足丝绸之路文化产业带建设的现实需求，应当通过并购整合等方式着力组建跨国文化企业，提升优势互补和资源整合能力。

最后，文化社会力量层面要实现实质发展。文化社会力量由组织化和个体化力量组成，文化组织化力量包括行业协会、社会团体、文化基金会、民办非企业文化单位等，文化个体化力量即公民。文化社会力量是丝绸之路文化产业带建设的重要推手，是串联政府宏观治理和市场微观治理的桥梁。它既不同于政府，也不同于企业，它能够把社会经济活动中，政府失灵和市场失灵领域中出现的某些问题，放到政府与企业市场之间的中介范围内加以协调和解决。在加强政府培育和政策扶持的基础上，文化社会组织要规范自我管理，文化社会个体要提高参与热情，实现文化产业发展的区域协同合作网络。

问：陕西历史文化底蕴深厚，但是文化和旅游消费水平较低，如何提高陕西文化和旅游消费水平，您有哪些建议？

推动文化和旅游融合发展，持续提高文化和旅游消费水平，是国家层面推动经济高质量发展、更好满足人民美好生活需要的关键抓手。“十三五”以来，我省积极贯彻落实国家关于推动文化和旅游发展的相关政策精神，进一步深化文化和旅游融合发展，不断构建并完善文化和旅游消费体系。但与此同时，我省城乡居民文娱消费水平差异大、游客消费类型结构不合理、游客人均消费支出水平低、文化和旅游消费地域发展不平衡以及文化和旅游惠民平台效能发挥不充分等问题仍然较为突出。

为此，建议我省应着眼于三秦人民对美好生活的现实需要，牢牢把握“双循环”格局构建给文化和旅游消费带来的新机遇，充分依托我省现有的文化和旅游消费体系，加快制定推动我省文化和旅游消费水平提档升级的整体性方案，从而进一步扩大我省文化和旅游消费水平，助推我省经济社会的高质量发展。

一是顺应文化和旅游消费市场发展新趋势。随着经济水平的不断发展和人民生活水平的提高，民众文化和旅游消费的需求正在不断更新。建议我省以营造良好的文化和旅游消费环境为突破，以打造高品质文化和旅游消费产品项目为抓手，积极推动相关数字技术与文化和旅游消费平台相融合，创新文化和旅游消费场景，培育文化和旅游消费新业态，从而进一步提升人民群众的文化和旅游消费意愿。

二是统筹文化和旅游消费发展与区域建设。发展文化和旅游市场，刺激文化和旅游消费，是推动区域经济高质量发展的有力举措。建议陕西省将促进文化和旅游市场发展，扩大文化和旅游消费水平与区域城镇化建设密切结合，充分发挥文化和旅游的高度关联性，将区域发展中的景观设计、环境整治、农业发展、乡村度假等与文化旅游进行有效对接，从而丰富相关项目建设的实际内容，让文化和旅游消费有坚强的实体支撑。

三是打造“主客共享”的文化和旅游消费模式。随着文化和旅游融合理念不断创新、文化和旅游融合实践不断深入，“主客共享”的文化和旅游消费模式逐渐成了时代潮流。建议陕西省统筹本地居民和外来游客两个群体，以人民群众的现实文化旅游需求来引领陕西省的文化和旅游消费供给侧结构性改革，不断优化陕西省的文化和旅游消费供给结构，提升文化和旅游消费供给质量；加快开拓以公共文化中心、文化休闲街区、文旅综合体等为代表的文化和旅游消费空间，着力打造吸引力大、聚集度高、生命力强的文化和旅游产业集群，从而有效提升陕西省的文化和旅游消费竞争力。

问：西安作为世界四大古都之一，多年前您提出建立西安文化产业特区，作

为文化产业研究专家，请您介绍一下。

“文化产业特区”主要是指政府给出政策，先行发展某一地区文化产业，利用地区的资源、财力、管理、技术、人才、对外开放等方面的优势，使其发展速度更快一些，然后通过其快速发展，对其他地区起一定示范作用，为中国文化产业的发展探索一条可行之路，最终带动整个文化企业的发展。特区的关键是一个“特”字，特殊政策、特殊规则、特殊的办事效率，通过理念、体制方面的变革和资源的整合，将文化资源转化为文化资本，实现文化产业的跨越式发展。

“西安文化产业特区”的思路，源于西方经济学家的“非均衡协调发展”模式，这种模式是“增长极”理论在实践中的具体体现。“增长极”理论最初是由法国经济学家弗朗索瓦·佩鲁提出来的，该理论认为增长并非同时出现在所有地方，而是以不同的强度表现在一些增长极上，然后通过不同的渠道向外扩散，并对整个经济产生不同的影响，增长极的吸引和扩散作用决定着区域经济不平衡发展过程。根据“文化产业特区”的内涵可知，文化产业特区主要是利用特殊的政策、特殊的规则和特殊的办事效率，通过理念、体制方面的变革和资源整合，将文化资源变为文化资本，从而实现文化产业的跨越发展。

西安文化产业特区要求从中央到西安各级政府，在文化产业的开发和扶持方面运用灵活多样的特殊政策和优惠措施，以建立“西安历史文化名城”为宗旨，以西安深厚的历史文化资源开发为核心，以曲江文化广场和秦皇陵、兵马俑为产业增长极，以传媒、广电、影视、娱乐、科教业等为产业依托，以历史文化和科教文化的融合渗透为产业开发途径，以“旅游科教型”为产业结构选择，形成辐射西安全市的“磁场圈”和产业群，从而实现西安经济的快速增长和城市品牌的立体提升，为全国其他地区的“文化立省”和“文化立市”发挥示范作用，最终推动全国文化产业的发展。“特区”主要体现在政策的特殊性、体制的宽松性、资源的独特性、模式的独创性、优势的明显性、地位的重要性等方面。

问：请您谈谈建立西安文化产业特区的重大意义。

西安作为“一带一路”的桥头堡，在我国经济发展和社会进步中具有十分重要的战略地位。根据西安拥有丰富的文化资源的实际，建立文化产业特区，用国家的优惠政策来促进文化产业发展，对增强西安经济实力、赶超东部沿海城市、推进西部大开发进程、增强西安文化的国际竞争力都有深远的历史意义和重大的现实意义。

建立西安文化产业特区是增强我国文化国际竞争力的重要手段，文化产业能在世界上产生巨大传播能力，从而在一个长远的实践过程内通过文化产品输出带来巨大的经济利益。在国际上，面对经济全球化以及知识经济浪潮的来临，网络文化迅速普及，越来越多的国家开始奋起维护民族文化传统、捍卫民族尊严及国家文化主权，将文化建设提高到整个国家发展的战略高度。同样，中国迫切需要有强大的文化产业，通过生产和经营大量的文化产品，争取自己的文化认同者，为中国的文化商品和服务进入国际市场开拓前进的道路。因此，通过西安文化产业特区的建立，充分利用作为 13 朝古都的历史优势，不但可以增强国际文化反霸阵营的力量，更可以弘扬民族精神、修筑文化长城、保卫国家文化安全。

总之，在经济区域化和一体化的趋势下，在“一带一路”倡议的背景下，西安文化产业发展拥有良好的政策环境和广阔的市场潜力。同时，作为 13 朝古都，西安拥有丰富的历史文化资源，构成了世界古都文化的经典之作。但是，由于文化产业起步晚，西安文化产业发展面临着产业意识淡薄、体制改革滞后、经营人才缺乏等不足。因此，借建立西安文化产业特区的历史机遇，充分发挥其优势，克服其不足，通过多方努力，增强西安文化产业实力，促进西安经济快速发展，增强国家文化竞争能力，进而推进西安“国际化、市场化、人文化、生态化”的历史进程，让西安作为东方文明的经典昭彰于世。

问：西安作为世界人文之都，具有深厚的文化底蕴，激发西安文化的时代活力成为社会关注的问题，对此，您有何看法？

在我国建设社会主义文化强国的时代背景下，西安全面加快国家中心城市建设步伐，要以文化强市作为国家中心城市建设的战略目标之一，让厚重的历史文化在西安这块文化热土上大放异彩，让华夏文明的文化基因在西安这个文化原点上彰显活力，让文化西安从精神层面的文化自信走向物质层面的文化自强，从而构筑当代中国文化强市建设实践的西安坐标。

当前，推动西安城市文化建设，要准确把握三维定位：首先，要深入贯彻习近平总书记“发掘和用好丰富文化资源，大力推进文化建设”的时代要求，传承延续中华民族传统文明的历史文脉，全力推进传统文明的现代化进程，构筑中华民族现代文明的精神家园，展现东亚文明和谐万邦的中国标识，打造城市文明共建共荣的西安样板；其次，要大力推进西安城域公共文化服务体系建设，让古都西安这座“博物馆之城”的文化遗存不断活化，全力推动传统文化的创造性转化和创新性发展，做到中华传统文明与现代城市文明的有效对接，多维创意中华民族传统文化的现代表达，着力丰富西安城市文化产品的多元供给，以满足广大市民对高品位文化生活的多维需求，从而推动西安市民文化生活的高质量发展；最后，要拓展西安文化产品交流对接的文化市场，聚集中华传统文明的文化要素，创意历史文化遗产的文化表达，全力推进文化资源资产化、文化要素产品化、文化形态艺术化的市场化进程，文化创意表达聚焦科技化和艺术化两大维度，全力彰显西安历史文化的现代魅力，深入推动文化旅游深度融合，用文化创意提升西安文化审美的可游性，以全新的文化产业链构筑西安城域文化旅游带，以西安文化的知名度打造国际文化旅游的最佳目的地。

守护历史文脉、传承中华文明，是西安文化建设实践的时代使命；推动传统文化的创造性转化和创新性发展，是西安文化建设实践的基本方式；展示中华文明的博大精深，传播中华民族的人文情怀，是西安文化建设实践的国际责任。西安是古丝绸之路的起点，今日西安的城市文化建设，就要弘扬丝绸之路沿线民族交往的丝路精神，传承异域民族交融互动的丝路文化，打造“一带一路”国际人文交流的丝路高地，不断提升西安国际化大都市建设的文化势能，增强中华文化国际交流的传播能力，从而让中华民族和谐万邦的文化基因通过丝绸之路的文化交流走向世界。

西安的历史文化资源，勾勒了中国传统文化的历史文脉，构成了中华文化延续发展的历史长廊的重要组成部分。发掘并用好中华民族历史发展的文化资源，需要我们对现有文化遗产进行深度整合，连点成线、以线织面、积面成体，立体化构筑西安文化创意生态链。西安历史文化资源的活化工程，具体表现为静态文化动态化、结果文化过程化、地下文化地上化、单一文化多样化、历史文化现代化、人文文化科技化的“六化战略”，从而构筑多维度立体化创意性的“东方文化长廊”，立体化打造传统与现代交相辉映的城市文化，全方位彰显千年古都博大雄浑的文化魅力。

问：文化志愿服务是我国志愿服务工作的重要组成部分，也是现代公共文化服务体系建设的重要内容。请您谈谈，如何加快陕西文化志愿服务工作的发展？

近年来，陕西省积极贯彻落实中央和国家相关部委关于开展文化志愿服务工作的相关部署，持续推进公共文化服务基础设施主阵地建设，大力开展文化志愿服务活动，有效推动了我省文化志愿服务工作的蓬勃开展。但是，我省的文化志愿服务工作还存在文化志愿服务制度体系建设缺位、文化志愿服务工作管理机制不顺畅和文化志愿服务活动品牌建设滞后等问题，这在一定程度上制约了我省文化志愿服务工作的发展步伐。

在持续推进公共文化服务基础设施主阵地建设的基础上，要不断完善陕西省文化志愿服务工作制度体系，理顺陕西省文化志愿服务工作管理机制，以打造文化志愿服务特色品牌活动为抓手，进一步提升陕西省文化志愿服务工作效能，从而为满足陕西省人民群众的公共文化需求提供坚强保障。

一是不断完善文化志愿服务工作制度体系。建议面向陕西省文化志愿服务工作全环节，构建系统完备的文化志愿服务工作制度体系。制订出台文化志愿服务工作一揽子政策体系，明确文化志愿服务工作在我省公共文化服务体系建设中的重要地位和作用，将文化志愿服务工作写入《陕西省公共文化服务保障条例》。

二是建立健全文化志愿服务工作者管理机制。建议以文化志愿服务工作者的招募为切入点，丰富文化志愿服务工作者的招募形式，扩大文化志愿服务工作者的招募群体，把企事业单位职工、离退休人员，以及大学生志愿者吸收进社区文化志愿服务工作者组织；积极开展对文化志愿服务工作者文化理念和服务技能的常态化培训，引导文化志愿服务工作队伍向正规化、专业化方向发展；着力推进文化志愿服务工作者服务评估机制建设，根据不同文化志愿服务工作者从事文化服务种类的不同，分别制定相应的客观的绩效评估标准。

三是重点打造文化志愿服务工作品牌特色。建议陕西省积极引导各地市用好公共图书馆、文化馆、博物馆、美术馆等文化惠民工程资源，充分发挥文化惠民工程在文化志愿服务活动中的重要作用；积极鼓励各地市立足当地文化特色，打造“一市一品”文化志愿服务工作品牌，申报国家文化志愿服务工作精品项目；大力支持各地市开展地区间文化志愿服务工作交流，推动各地市文化志愿服务工作实现供给互补，特色共存。

问：您从秦岭深山到古都长安已有三十余年，成为全国文化研究知名学者，请您谈谈自己的学习经历。在追求人生梦想的过程中，您经历了哪些印象深刻的事情？

1960 年 9 月 2 日，我出生在陕西省商县火神庙乡七星村，那是丹江源头的穷乡僻壤，是我追求人生梦想的起点。

我从小学习自觉，成绩较好，但我的性格不够活泼，且对政治活动热情不高，因此初中毕业未能被推荐升入高中。父亲当时是学校管委会委员，他硬着头皮给校长说了点情，校长还算给面子，就让三名年龄最小的学生留了一级，其中就有我。第二年我被推荐升入高中，延长了我读书的年月，这真是我的幸运！

我就读的高中叫黑龙口中学，是沿 312 国道南下翻越秦岭进入商洛的第一所高级中学。这是一所美丽的学校，学校名称就能激发人们的想象。高中学习虽然也受到“文革”的影响，但那时“文革”已接近尾声，我高中尚未毕业时就恢复了高考制度。我的高考成绩还算不错，其中化学最高，总分全校第二。

1978 年，我高中毕业回乡务农，准备次年报考中专，因为当年中专考试只涉及初中课程，自己有把握上个好中专，不料次年中考内容又扩展到高中阶段。春节过后，我不顾家人反对回校补习，那是一段既充实又苦涩的日子：三两糊汤撒点盐就是一顿饭，三个多月坚持下来，我虽身体虚弱，经常眼前发黑，但并未影响我的学习成绩。这年我中考成绩为 258 分，当时 200 分就能翻过秦岭了，别的同学甚为羡慕。可是我又因色弱限制，未能翻过秦岭，最终被录取到了商洛师范。虽然自己很不满足，但父亲却很高兴，因为儿子靠本事“上了中专”，终于能把草鞋换成布鞋。

1979 年 9 月，我进入商洛师范学习，想毕业后再考大学。按当时的规定，中师毕业两年后才可以报考大学，且只能报考师范院校，所以我的目标是北师大。我在中学连一天英语都没学过，于是就听英语广播讲座，早晚必听，雷打不动。其他各门功课我更是刻苦钻研，学业成绩自然名列前茅。

1981 年 7 月毕业后，我被分配到商县三岔河中学，那是一所地处秦岭深山而被群山环抱的初级中学，我在那里一待就是整整九年。

在三岔河中学九年的岁月里，我一直在努力追求人生梦想，从进修之前高考梦想的破灭，到进修之后考研梦想的萌生，我一直生活在超越自我的梦想中，奋斗在不断拼搏的快乐里。大学啊！神圣的大学，是我人生的最高向往！记得父亲曾经问过我："现在工作了你还奋斗什么？"我说："我想教大学。"父亲说："你都没上过大学还想教大学？"我说："这是我的志向。"

"有志者，事竟成"我始终铭记在心。我当班主任时，就在教室前方写了五个大字——"志当存高远"，我用"志"来激励我的学生，也勉励自己。可"人生志向"的实现是多么艰难，真是"立志容易达志难"。我原本准备报考现代汉语专业研究生，但因自己普通话说得不好而改考哲学，因为哲学是思维的学问。为了学习哲学，我订了一份《新书目报》，凡有哲学类书籍出版我几乎都邮购。学校离县城大约 40 公里，我常常骑自行车翻越麻街岭，去商洛书店购买我需要的专业书。早去晚归，一天打个来回，中途一般是不吃饭的。过麻街岭休息时，我总要环顾眺望四周碧绿的山峦，并因这浓绿而振奋。

1989 年秋，通过多方联系，我准备报考西北政法学院马克思主义哲学专业，并在一位亲戚的帮忙下报上了名。此时，我轻松了许多，不时露出成功的喜悦！因为那时在我看来，报上名就是成功的一半。

20 世纪 80 年代末，已是全面发展经济的年代，抽象的哲学必然受到了社会的冷落。当年报考西北政法学院马克思主义哲学专业就我一人，我的总成绩和专业课都很好，只是英语差了 2.5 分，幸好有"定向可降五分"的破格录取政策，我最终被西北政法学院录取为研究生。我从此走出了秦岭深山，来到向往已久的古城西安求学。翻越秦岭的车轮载着我还有我的梦想，而车上的我则感慨万千。

20 世纪 90 年代初，西北政法学院哲学专业的学科实力是大家所公认的。在我读研究生期间，郭云鹏、王陆原、武步云、赵馥洁四位导师共同指导我一个学生，培养方式是研究式学习。每次上课四节一连，老师采取互动式教学。课堂上老师让我先讲两个小时，接着老师再给我讲两个小时；讲前我得认真阅读相关材料，仔细钻研相关问题。这种教学方式使我终身受益，从而也奠定了我学术研究的基础。我毕业论文提纲《主体性思维论纲》发表于《内蒙古社会科学》，随后被《中国人民大学复印报刊资料》全文转载，这给了我学术创新的勇气。

问：您研究生毕业后进入长安大学工作，从此实现了自己“教大学”的理想。请您介绍一下您的工作经历，以及如今的学术成就。

1993 年 7 月我从西北政法学院研究生毕业，通过双向选择进入西安公路学院人文社科系任教。可能因为自己在读研究生期间曾担任过研究生党支部书记的缘故，1995 年 5 月我被校党委任命为系党总支副书记，并主持系党总支工作，从此我步入了高等教育的管理岗位；1999 年 7 月我又成为人文社科系“一肩挑型”党政一把手，我的工作重心开始由党务转向行政，主抓人文社科系的专业建设，全力拓展工科院校文科专业的育人空间。

说到专业建设，其实早在 20 世纪 80 年代，西安公路学院人文社科系就申办过思政专业，招收过两届学生，之后该专业因各种原因停招了。直到 1993 年，人文社科系又申办了文秘专科专业，连续招生到 1999 年，后因学校进入了国家“211 工程”大学序列，所有专科专业顺应形势而停招。于是，我组织力量开始申办本科专业。2000 年，三校合并组建长安大学，我们成功申办的第一个本科专业行政管理开始招生。到 2004 年，短短四年时间，八个本科专业依次申办成功并连续招生，这被学校称为人文社会科学的“跨越式发展”，我也因此感到欣慰。

经过了两年的整合，2002 年在时任校长周绪红的主持下，长安大学召开了发展战略研讨会，把社会科学与自然科学比喻为“鸟之双翼，车之两轮”，从此开始了长安大学哲学社会科学学科大发展时期。2003 年 6 月，学校根据发展繁荣哲学社会科学的需要，成立了人文社会科学学院，我被任命为代院长（因院长必须要教授职称，我当时还是副教授），同年底我破格晋升为教授，次年又享受国务院政府特殊津贴，这也体现了长安大学对我本人的充分肯定。

学科是学院的高度，学术是学科的生命。从专业建设走向学科建设，是高等教育发展的历史逻辑。长安大学人文社会科学学院 2002 年开始培养研究生，到 2009 年底，学院已有八个本科专业，七个硕士学位授权点，并获得了 MPA 培养资格；全院学生 2000 余人，教职工 150 余人。学校根据哲学社会科学深度发展的需要，将人文社会科学学院一分为三，成立了马克思主义学院、政治与行政学院、文学艺术与传播学院。我继续担任政治与行政学院院长，主要负责学院的学科建设。2010 年，政治与行政学院一次性获得了三个一级学科硕士学位授权点，二级学科硕士点也已达 26 个之多，引起了校内外的极大震动，实现了长安大学哲学社会科学学科发展的"历史性跨越"。

为了推动长安大学哲学社会科学的学术创新，我必须首先提高自身的学术水平，而攻读学位是学术水平提高的助推器。"而立之年"的我开始脱产攻读硕士学位，到"知天命之年"，我在职取得了博士学位。我的学术兴趣主要集中于马克思主义政治哲学和文化产业管理两个方面，前者在于推动政治生活的理念创新，后者在于探索文化生活的经济效益，这体现了我的学术研究"虚实相济"。在马克思主义政治哲学研究方面，我承担了国家社科基金项目，代表性著作是《政治实践论》，该著作荣获陕西省哲学社会科学优秀成果二等奖、陕西高等学校人文社会科学研究优秀成果一等奖、西安市哲学社会科学研究优秀成果一等奖。在文化产业管理方面，本人合作出版了《文化产业学导论》《文化管理学导论》等著作，这不仅代表了该领域学术创新的前沿成果，而且被越来越多的海内外高校作为研究生的教材，实现了学术创新成果向教学实践的直接转化。

育人是教师的天职，人品是学品的灵魂。我始终坚持"为人、为学、为政"的有机统一，"三为统一"乃是我多年来的人生体验，也是我走到今天的经验所在。我要求学生"做事先做人，为学先为人"，把"立德树人"放在自己育人工作的核心地位。作为一名文科背景的高等教育者，我把学科、学术与学生紧紧联系在一起，并把"育人为本"贯穿教育教学的全过程，收到了良好的育人效果，体现了教育的文化传承。

十余年来，我通过学科建设和学术创新，把一个没有本科生的小系发展为三大学院，全面拓展了长安大学文科专业的育人空间，形成了涵盖八大学科门类的哲学社会科学教育体系。我本人所主持的基础课程“政治学”已成为陕西省精品课程，我也成为陕西省的教学名师。

问：长安文化一直是您研究的领域，请谈谈您的学术研究经历，以及对长安文化研究有哪些期待。

中国有着悠久的传统文化，传统文化产业化是中国文化产业发展的时代选择。2002 年，我开始招收文化产业政策研究生，这也是我从事文化产业研究的起点。2005 年，我率先出版了《文化产业学》，当年在相关文科专业开设了“文化产业学”课程。此课程开设的前瞻性，在 2007 年教育部对长安大学本科教学评估中受到了专家的高度称赞。一位来自北大的专家认为，长安大学在文化产业人才培养方面已远远走在了全国的前列，这样的评价让我们感到十分欣喜。

2009 年，我主持的长安文化产业研究中心，被陕西省教育厅作为陕西（高校）哲学社会科学重点研究基地立项建设。2013 年 7 月，长安文化产业研究中心顺利通过了省教育厅专家组的检查验收，成为陕西省 49 个省部级哲学社会科学重点研究基地中唯一的文化产业研究基地。

长安文化产业研究中心的基本理念是：“立足长安文化资源，探索产业发展规律，构筑理论创新平台，服务区域文化发展。”作为陕西省唯一的文化产业研究基地，将立足西部文化产业发展实践，为陕西文化产业发展贡献智慧。

陕西是文化资源大省，长安是东方文化古都。长安大学坐落于古都长安，有义务为长安文化发展贡献力量。今天的长安大学是“四部一省”共建的“211 工程”重点建设大学，为公路交通、国土资源、城乡建设三大行业发展服务是长安大学的基本定位。在“区域资源就近配置”的时代背景下，长安大学因长安文化产业研究中心的建设，又增加了一份为地方文化发展服务的社会职能。陕西省文化厅与长安大学共建的陕西省文化产业人才培训基地，则使长安大学为地方服务这一职能更加凸显。

文化产业研究为地方发展服务的方式是多样的，除了学术研究、人才培养、项目合作和基地建设外，我还通过人大代表和政协委员的身份为地方发展建言献策。2002 年，我被长安大学选区选举为西安市雁塔区第十四届人大代表，并经代表选举成为西安市雁塔区第十四届人大常委会委员，尽我之力为雁塔区文化建设建言献策。2007 年，我又被雁塔区人大代表选举为西安市第十四届人大代表，又为西安市文化发展建言献策。我在担任人大代表期间，在联系选民、接待来访、调查研究、撰写议案、审议报告、交流发言等方面尽职尽责，受到了市区领导的一致好评，并多次荣获市、区“优秀人大代表”称号。

2012 年，我代表陕西省社会科学界成为陕西省第十一届政协委员，在第一次政协会议联组交流会上，我提出的“陕西文化产业发展的四化路径”（文化表达现代化、文化产品多样化、文化经营规模化、文化人才综合化），受到了与会委员的高度称赞，也引起了文化产业界的强烈共鸣。

我作为长安文化产业研究中心主任，旨在为陕西文化产业发展贡献力量。长安文化产业研究中心已成为陕西省文化部门名副其实的智库，已与省内外多家文化单位开展了战略合作，形成了“政、产、学、研”一体化的发展模式，力争通过三至五年的不懈努力，建成国家级文化产业研究基地，并筹备创办长安文化产业学院。

“长安文化”是民族的也是世界的，是长安的也是东方的。我愿与大家共同努力，进一步让“长安文化”在国际文化舞台中尽展风姿，使“文化长安”在东亚文明坐标中独领风骚！

【执行编辑：夏晨朗】

“正德、利用、厚生惟和”与中国传统实践观的特点*

盛　宁**

【摘　要】《尚书·大禹谟》中的“正德、利用、厚生惟和”不仅是中国古人关于如何实现善政的基本设想，同时可被视为中国传统实践观的总体性原则。其对“道德”“实用”“生命”“协和”的强调，一方面揭示了中国传统社会以实现生命整体之良好存在为根本观照的实践宗旨，另一方面呈现了中国古人在具体实践活动中注重整体性、道德性、切身性、情境性与协和性的特点。对四者在中国古人实践活动中综合运用的考察，不仅有助于深化对中国古人个体实践与社会实践的理解，同时也能够为社会主义和谐社会乃至人类命运共同体的构建提供重要的借鉴。

【关键词】正德；利用；厚生；惟和；实践观

注重实践是中国思想与文化的典型特征，而作为人类思想精华凝结的哲学，当其孕育于中华文化这一母体时，同样表现出对实践精神的肯定与张扬，并通过具体的哲学传统呈现出丰富多样的实践智慧。关于这方面，学界已有大量的研究成果，本文的意图不在于对传统哲学内部某一分支的实践智慧进行阐发，而是尝试寻求中国古代哲学中不同传统实践观的共同特点，从而实现对中国传统哲学实践智慧的总体性把握。对中国传统实践观总体特点的反思不仅有助于对中国传统实践观形成动态的理解，同时也有助于切入中国传统实践观的根本智慧。

* 本文为国家社科基金青年项目“三教互动视阈下的竺道生生活世界与思想建构研究”（项目编号：2018CZX023）阶段性成果。

** 盛宁，哲学博士，上海大学哲学系讲师，主要研究领域为中国佛教哲学、宋明理学、三教关系。

中国传统哲学所透显的实践品格背后隐含的是对何谓好的生活以及如何展开好的生活这两个问题的普遍关切，而由此关切所引导出的乃是体用本末一体融贯的实践观，其中，以“德性”为本为体，以“致用”为末为用，同时，在具体实践中，中国传统实践观强调打破一己之私，由个体拓展为对他者乃至生命全体的观照，并以协和之达成为实践之最高境界，自然呈现出以个体为起点最终走向对共同体福祉普遍关切的取向。缘此，德性、实用、生命、协和即成为中国传统实践观的核心，而对这四者的不同要求综汇起来即可抽绎出中国传统实践观的总体特点。在中国古代典籍中，对此表述最为凝练者即《尚书·大禹谟》中的“正德、利用、厚生惟和”①，故本文尝试从此着手，以对中国古代实践观作一整体性考察。

一、“正德、利用、厚生惟和”的实践内涵

“正德、利用、厚生惟和”最早见于《尚书·大禹谟》，所谓“德惟善政，政在养民。水、火、金、木、土、谷惟修；正德、利用、厚生惟和。九功惟叙，九叙惟歌。戒之用休，董之用威，劝之以九歌，俾勿坏”②。由上下文的意思可知，“正德、利用、厚生惟和”最初是作为实现善政的基本原则被提出的，不过，其所涉及德、用、生、和不仅仅适用于对政治实践的范导，于一般实践活动而言，亦可作为其总体特点的概括。因德、用、生、和不仅指向中国古人关于实现良好

① “正德、利用、厚生惟和”，前三者在《尚书》原文中合称为“三事”，所谓“六府三事允治，万世永赖，时乃功”，“三事”与“惟和”一道共同构成上古时代关于“德惟善政，政在养民”的理念。然因《大禹谟》出自《古文尚书》，故关于其真伪性，自古质疑颇多。不过，征诸《尚书》其他篇章以及《周易》《左传》等典籍，可以看到《大禹谟》所论之“正德、利用、厚生惟和”所表达之观念乃积古流传，非后人所臆造，试举例如下：《尚书·盘庚》有论“殷降大虐，先王不怀厥攸作，视民利用迁。汝曷弗念我古后之闻”[（西汉）孔安国传，（唐）孔颖达等正义，周粟点校：《尚书正义》，北京大学《儒藏》编纂与研究中心编：《儒藏》（精华编）一二册，中华书局2014年，第219页]。《周易》中的《蒙》、《需》、《谦》、《观》等卦均提及“利用”[（清）阮元校刻：《十三经注疏》，中华书局1980年，第20、23、31、37页]，另外，《左传》则提出：“《夏书》曰：‘戒之用休，董之用威，劝之以九歌，勿使坏。’九功之德，皆可歌也，谓之九歌。六府三事，谓之九功。水、火、木、金、土、谷谓之六府；正德、利用、厚生谓之三事”[（清）阮元校刻：《十三经注疏》，中华书局1980年，第1846页]，这无疑为《大禹谟》所述及观念提供真实之证明。

② （西汉）孔安国传，（唐）孔颖达等正义，周粟点校：《尚书正义》，北京大学《儒藏》编纂与研究中心编：《儒藏》（精华编）一二册，中华书局2014年，第85页。

生活秩序与生命秩序构建所需要的基本理念，同时包摄了一般实践活动的构成要素，其中，“德”为实践活动之根源与动力，“用”为实践活动之落实与效果，“生”为实践活动之主体与对象，“和”为实践活动各要素之协调与实践活动之最终境界。正德、利用、厚生惟和依次展开，代表中国古人关于实践过程各面向的整体考量，同时亦是古人打破狭隘人类中心主义，推扩生活与生命世界，将宇宙万类纳入存在之圆成的积极尝试。阐发四者作为中国传统实践观总体特点，可首先从其各自实践内涵及其相互关联展开。

1. “正德”的实践内涵

从“德”观念的来源说，中国古代各家哲学通常将之追溯到天道，并视之为万物的生命之本，所谓“德者，得也。得也者，其谓所得以然也。以无为之谓道，舍之之谓德。故道之与德无间，故言之者不别也”①，道与德本无区隔，只看就何者而言，若就天地而言即是道，就人与物而言即是德，德作为生命本质因此也就有了存在本体的意义。② 所谓“正德”，从这个层面上说根本在于自觉并归正于内在生命本原，而自觉与归正，中国传统哲学认为必要落实于现实经验生活，借由行动的力量去体证和展布生命之本相。从这个意义上，“正德”不仅必然引导出实践活动，且尤以生命实践为实践活动之核心内容，同时，任何具体的实践形式在中国古人看来均是生命实践的具体展开形式。

中国古人视人为独特的存在，至少包括物质生命、亲缘生命、社会生命和精神生命等向度。能够同时协调不同生命向度从而成就内外兼修的完整的人，中国古人认为关键在德，缘此，“正德”所指向的实践在现实经验世界的展开始终渗透着道德的意味，即道德不仅作为实践展开的动力，同时也成为实践活动的主要形式以及规范实践活动的准绳，甚至成为具体实践活动的首要目标。

当然，对“德”的理解，自先秦开始，各家各派思想即有差别，由此带来“正德”作为实践之本引导出实践内容、方式、目标上的具体差异。以儒、道为

① 黎凤祥撰，梁运华整理:《管子校注》，中华书局 2004 年，第 770 页。

② 关于先秦诸子之后以“德者，得也”作为对“德”之理解的主要路向，即着力伸发“德”的价值内涵，并将之视作“道”的有得于道的结果，可参见叶树勋:《“德”与“得天命”的关系》,《现代哲学》2021 年第 4 期，第 138 页。

例，儒家不仅将“德”定义为以“五常”（仁、义、礼、智、信）为代表的道德，同时特别注意区分“德”的不同向度，天、地、人三才之道各有其德，而天地之德作为天地之道的直接体现被认为集中体现为生生，天地生生万类，其中最重要的就是人类的生生，故天地之德便自然而然与民众福祉紧密相连，尤其在政治实践中，君主对天地之德的效法与转化往往被转换为君主对百姓福祉的关切，因此，“正德”在现实实践中除了个体自觉归正其内在生命之本外还拓展到共同体的层面，即以最广泛存在之福祉的实现以及社会公共秩序的构建为实质内容，并依托礼乐的制度性建构获得实际落实，如杨简所言：“厚生者，养生之事；利用者，器用于人为利，是二者皆有正德焉。”①“正德”所指示的实践内涵具体展开为“利用”和“厚生”二者。

至于道家，同样讲“德”，如《道德经》区分为《德》《道》二经，只不过道家之“德”本不同于儒家之“德”，前者更多将其理解为万物有得于作为本原性实在的“道”而成就之自身本然存在，也就是物之性，这个物之性在道家看来并不具有儒家伦理道德意味，而更多指向万物的自然本性。缘此，“正德”落实为道德实践，在道家那里即首重如何保养内在之本原，并依顺本性而生活。表现在“利用”和“厚生”上，道家较之儒家更具有超越人类中心主义的意味，即将全性率性之实践贯穿于人—物、自—他关系处理上，强调“突破自我存在之有限性而洞达于宇宙全体之生命共相本质”②，借由各依其性，而达至各美其美，美美与共的生命境界。

需要注意的是，“德”按照中国古人的理解，既然得于天道，乃天道下贯于生命后的凝结，万类皆具，那么也就意味德非一己之私，“正德”所代表的实践活动在中国古人看来也就不仅仅局限于实践主体自我生命本质之开显，也涵括实践对象生命本质之复归。换言之，由“正德”所凸显的中国传统实践观并非人类中心主义式的片面实践观，而是强调尊重并容纳不同生命良好存续的具有公共性的整全实践观。在这个实践观下，不仅实践主体的生命与生活成为关切重点，作为实践对象的其他生命以及由不同生命形态所共同构筑的世界也得到充分尊重。

---

① （宋）杨简：《杨氏易传》，《杨简全集》第一册，浙江大学出版社2015年，第37页。

② 董平：《老子研读》，中华书局2015年，第22页。

这一主张在以儒、道为核心的中华文化中均有体现，如儒家从孔子开始即有“钓而不纲，弋不射宿”(《论语·述而》)的记述，至于道家则更清楚地将价值关切的范围拓展至万物，提出“天地与我并生，而万物与我为一”[①]，故“辅万物之自然而不敢为”[②]。

2. “利用”与“厚生”的实践内涵

“正德”为实践之本，而“利用”和“厚生”既关联实践活动的具体展开，同时也指向实践活动的现实目的，按照《尚书·大禹谟》原文的意思，三者相互关联，其中，“利用”和“厚生”都是“正德”落实为政治实践的具体表达，“利用”的达成是“厚生”实现的前提，“厚生”反过来为“利用”的展开提供直接的价值指向。

具体到“利用”和“厚生”的内涵，按照孔颖达的解释，“利用者，谓在上节俭，不为縻费，以利而用，使财物殷阜，利民之用”[③]，而“厚生”则是“厚生以养民”(《尚书·大禹谟》)，后进一步引申为物尽其用，民有所养。其中，“物尽其用”之“物”主要是指以金、木、水、火、土、谷（所谓“六府”）为代表的自然物以及一切人工生产和生活资料与条件，人类通过实践活动作用其上，使之发挥相应效用。当然，这种利用须以依顺物之性为前提，中国古人历来反对“竭泽而渔”式的实践生产与生活方式，而主张对实践对象取用须遵守适度适时的原则。[④]进言之，“利用”的本质是“善用”，即在统合人类自身生存法则与世界存在的自然法则基础上使用资源，唯如此，才能实现人、社会、国家和世界的有序长足发展。从这个角度看，“利用”是手段，而“厚生”是目的。

“利用”还揭示了中国古人在对实践的认识上主张无论何种形式的实践，根

---

① （晋）郭象注，（唐）成玄英疏：《庄子注疏》，中华书局2014年，第44页。

② 朱谦之撰：《老子校释》，中华书局2009年，第262页。

③ （西汉）孔安国传，（唐）孔颖达等正义，周粟点校：《尚书正义》，北京大学《儒藏》编纂与研究中心编：《儒藏》（精华编）一二册，中华书局2014年，第86页。

④ 如《孟子》提出：“不违农时，谷不可胜食也；数罟不入洿池，鱼鳖不可胜食也；斧斤以时入山林，材木不可胜用也。谷与鱼鳖不可胜食，材木不可胜用，是使民养生丧死无憾也。”参见（清）焦循撰，沈文倬点校：《孟子正义》，中华书局2017年，第45—46页。

本皆需回到现实世界中去展开实际的行动，并进一步推动现实世界生活秩序向美善的方向发展。这种对世俗生活的关切以及由此而来对“经世”的肯定始终渗透在中国传统的实践中，并逐渐形成一种强调“实用”的实践思维。一方面，从人存在的经验实际出发，强调存在物功用的发挥以达成其之于人实现情理交融的完整生命存在的意义；另一方面，反对以构造的思辨作出先验理性的设定进而以此引导实践，而是强调从经验、历史的合理性出发，借助人道与天道互动展开实际行动，并在过程中对之后的实践作动态调试以推动人与物的更好的存在。进言之，“利用”引导出的是一种以动态的关系性行动为特色的实践模型。

“利用”的直接目的是“厚生”。关于“厚生”，孔颖达的解释是：“薄征徭，轻赋税，不夺农时，令民生计温厚，衣食丰足”①，从而使民生得以厚养，生命得以发达。孔注对“厚生”的理解更多还是从政治实践这一具体的实践形式出发，强调唯有使民众物质生活得到保障，才能“厚养其生”，他所理解的“生”主要以自然生命为核心。实则，“生”不仅包括自然生命，同时也包括更高层面的亲缘生命、社会生命以及精神生命等向度，故“厚养其生”不仅指向自然生命增益，更应将后三者之培植融摄其中，并且，在以儒家文化为根本的中国传统观念中，后三者比自然生命的增益具有在实践价值上的优先性。当然，从现实的人情以及实践次序来说，亲缘、社会以及精神生命厚养离不开自然生命的良好存在，所谓“仓廪实则知礼节，衣食足则知荣辱”②，于一般人而言，唯有物质生活富足，才会进一步思考精神的安顿与心灵的充裕，故而，在“厚生”的展开上，中国古代传统始终持守中庸之道，即基于生命不同面向的协和发展这一根本目标，主张内外统合，身心平衡。

从现实的实践方式来说，除了政治实践外，其他实践形式同样强调对生命福祉的关切，只不过在对福祉的理解上，中国传统不同思想之间各有所见，故在践行“厚生”时偏向有异。其中，以治生产业为主要内容的实践方式，在“厚

① （西汉）孔安国传，（唐）孔颖达等正义，周粟点校：《尚书正义》，北京大学《儒藏》编纂与研究中心编：《儒藏》（精华编）一二册，中华书局2014年，第86页。

② 黎凤祥撰，梁运华整理：《管子校注》，中华书局2004年，第2页。

生”的表达上更多呈现为由物质向精神渐次推进；而以道德生命之发越、心灵境界之提升为主要内容的实践方式则直接着眼精神生命的培植，然不管取向为何，以生命整体之良好存在为根本观照是贯穿中国传统不同类型实践活动的根本宗旨。

当然，对“厚生”的理解除了从人类的角度着眼，还可拓展为整个自然生命层面，人类仅仅是“生”所包摄的一个族群，从整个自然世界来说，其他生命形态亦涵容于此“生”中。由此，“厚生”可进一步转换为对天人和谐、天人合一的集中表述，落实为实践则首先表达为对其他生类生存权充分尊重的基础上，遵循自然法则和自然节律来展开活动。

3.“惟和”的实践内涵

在“正德、利用、厚生”之外还有一个“惟和”。按照《尚书·大禹谟》的说法，它并不属于“三事”(即指“正德、利用、厚生”)，而是作为对“三事”的共相协调与制约，以“上下和睦”“各知其极”为内涵，是对“三事”终极实践价值的阐明。具言之，按照“惟和”的要求，“利用”与“厚生”必须保持和谐，同时“利用”和“厚生”必须总摄于“正德”，后者为前两者的道德制约，“正德”实现即是“惟和”。如《左传》所谓“民生厚而德正，用利而事节，时顺而物成，上下和睦，周旋不逆，求无不具，各知其极”①。可以说，“惟和”成为“三事”得以顺利展开的原则保障，正是在“惟和”的要求下，“正德、利用、厚生”才构成渐次展开的统一的实践过程。

如果从字面来理解“惟和”则可表述为以“和”为根本，为终极。若据此字面义来看，“惟和”阐明以天、地、人三才协和为实践境界。这实质上是对人作为实践主体的重要性予以肯定，唯有人能体证天地之道并效法之而展开人道实践，同时通过这种方式参与天地之道以推动宇宙万类生生不已。进言之，“惟和”对人的实践提出了很高的责任要求，即实践并非仅仅出于个人或族类的生存繁衍需要，更重要的是促成不同生命形态的自由发展，各美其美，美美与共。

① (清)阮元校刻:《十三经注疏》，中华书局1980年，第1917页。

二、"正德、利用、厚生惟和"与中国传统实践观的特点

"正德、利用、厚生惟和"不仅体现了中国传统实践观以"道德""实用""生命""协和"四个面向为核心关切展开其关于实践内涵的独特思考，同时，亦揭示出中国古人在具体实践活动中注重整体性、道德性、切身性、情境性和协调性的特点。

1. 中国传统实践观的整体性特点

由前述对"正德、利用、厚生惟和"实践内涵分析所示，四者分别指向实践活动根源与动力，实践的落实与效果、实践的主体与对象，以及实践各要素之协调与实践的最终境界，四者缺一不可，相互关联，构筑起中国传统实践观的完整逻辑，并呈现为对具体实践及活动展开的整体性要求。

无论是"正德、利用、厚生"何者，其落实为实践活动时始终以生命整体性存在作为基本前提。一方面，中国古人以个体生命展开为前后一贯的持续性过程且身心内外一体联动，心灵状态决定外在行为，身体状态亦反过来作用于心灵，[①]不仅如此，生命为不同维度生命形态交织综合的结果，以精神生命为根本，但亦不能舍弃自然、亲缘、社会等生命向度；另一方面，中国古人对宇宙万类的观照侧重从普遍联系的立场出发，强调具体存在之间的相感相生，例如《周易·咸》提出"天地感而万物化生，圣人感人心而天下和平。观其所感，而天地万物之情可见矣"[②]，《庄子》提出"自其同者视之，万物皆一也"[③]，而佛教像华严宗则有法界缘起之说，主张诸法全体交彻，一体圆融。以上两方面对生命作为整体性存在的观审使得中国古人在实践上强调以内为本，内外贯通，主张以"正德"为实践展开的引领与归宗的同时，注重物质生活提升、现实社会改善之于"正德"的滋养作用，更进一步，直接将成德成圣转换为社会民生之拯济，以

---

① 如王阳明所谓："无心则无身，无身则无心。但指其充塞处言之谓之身，指其主宰处言之谓之心，指心之发动处谓之意，指意之灵明处谓之知，指意之涉着处谓之物。只是一件。"（《王阳明全集》第一册，浙江古籍出版社2010年，第100页。）

② （魏）王弼撰，楼宇烈校释：《周易注校释》，中华书局2016年，第118页。

③ （晋）郭象注，（唐）成玄英疏：《庄子注疏》，中华书局2014年，第105页。

打通内圣与外王作为实践的根本任务。如此，“正德”落实为实践自然引导出对“利用”“厚生”的关切，提倡对社会的广义变革。

此外，因为万物被视为“道”在现实世界的表达，具有共同的生命本质，可以相感相生，故实践的展开便不能局限于“成己”，同时也包摄“成物”，这一方面带来对积极参与社会实践、以不同实践形式厚植人类生命的肯定，另一方面也推动对生命的普遍尊重以及在此基础上成就生命全体自然发展的“厚生”之整全义的确立。

2. 中国传统实践观的道德性特点

以“正德”为首体现中国传统实践观注重发挥德性力量，注重以道德为衡量实践的重要尺度的特点。从整体的实践活动而言，“德”作为存在本根“道”在生命的凝聚而被视作生命本质，由此不仅成为生命活动的发源处，同时也是生命活动的价值归宗。实践作为人所独有的生命活动乃人之身、心、意、动综合运用于变革自身、他者、社会与自然的体现，其亦以“德”为依归。具言之，在实践活动中，实践主体与实践对象之间在中国古人看来并非决定和被决定的单向主客体的关系，而为一种互动性共在与存在性互渗的伦理关系。[①]缘此，人类实践活动便不应仅仅是人类意志的无限投射，同时也应当将实践对象的可持续发展考量在内，这就对实践活动提出道德的要求，而“正德”作为对人类实践行为的规范既是人之于自身以及实践对象内在本性的尊重，同时也确保了人对实践对象之活动的道德意义。

从实践的具体形式来说，无论是个体、社会还是自然实践，始终强调以“德”的实现为实践的根本目的，[②]同时也以“德”为实践主体与手段的约束，并

---

① 刘晓婷、董平：《正德　利用　厚生　惟和——论中国传统文化中的生态伦理原则》，《道德与文明》2019 年第 4 期，第 97 页。

② 即便以杀伐征战为主要表现形态的军事实践，在中国古人看来最高层次也以止杀的手段而达到胜利的目的，如《孙子兵法》提出“凡用兵之法，全国为上，破国次之；全军为上，破军次之；全旅为上，破旅次之；全卒为上，破卒次之；全伍为上；破伍次之。是故百战百胜，非善之善者也；不战而屈人之兵，善之善者也”，其对生命价值的尊重不言而喻。参见（春秋）孙武撰，（三国）曹操等注，杨丙安校理：《十一家注孙子校理》，中华书局 1999 年，第 44—45 页。

通过“礼”的形式予以实在化和固定化。依礼而行被视为人类由野蛮转向文明，实现自身进步的前提，而“礼”通过作为中华文明主干之一的儒家的发挥，一方面取得了“仁”之现实表达主要依托的地位，另一方面逐渐演变为国家的制度与意识形态而渗透人们生活的各个方面，成为各种实践形式的主要载体而将道德的力量注入其中。

3. 中国传统实践观的切身性与情境性特点

“利用”与“厚生”对人的现实生活，尤其是物质生活丰沛的关注体现了中国传统实践观的切身性与情境性特点。其中，切身性主要是指中国传统实践观始终强调从人自身当下、现实的体验出发去展开实践活动，强调“身”在实践中的中心地位，即身体不仅是实践活动的主要发出者，同时也是实践活动的主要经验者和观察者；而情境性则是强调实践活动必须从其所在的实际场域出发，在对天时、地利、人和的综合把握中展开行动。

在中国古人看来，实现人与世界的良好存在需要以现实的存在物为依托，而现实存在物不仅包括作为实践对象的各种自然与人工资源，同时也包括作为实践主体的人所依托的身体，故中国传统哲学对“身”始终抱持相对肯定的态度，并创造出丰富的养身与保身思想，联系到社会实践则表现为全社会对民生安顿之于社会和国家稳定有序的重要意义的普遍关注，甚至将之视作君主政治与社会实践的核心内容。民生的安顿首重在物质生活的丰沛，缘此，与民生有关的一切农工商贸都属于“利用”之事而在不同历史阶段获得推崇，尤其以农业劳动为代表的社会生产实践更是成为中国古代的主要实践形式。它作为现实感性活动在滋养身体的同时，也反过来要求身体的积极参与；而由身体作为主要参与者的社会生产实践不仅改变了人与自然的关系，创造了属人的世界，展开了属人的历史，更重要的是，它成为中国文化核心思维观念以及问题意识产生的渊源，具有某种思想本原的意义。

中国传统实践观对“身”的关切不仅要求以“身”之滋养为实践目的，倡导“身”之积极参与，同时要求在具体实践中尊重身体经验。身体经验的直接来源是感官与外界的交往，是人通过眼、耳、鼻、舌、身五种官能的综合运用实现对事物存在状态综合把握后的所得。这种经验一方面具有内在化的特点，与人自我的感受和认识有关；另一方面具有外在化的特点，依托存在物的实际状态。而内外两个向度的融合则构成实践活动展开的具体情境。如何展开实践活动，保证实践活动的有效性、可持续性，则看对情境性的认识程度与尊重程度。因此，中国传统实践观在强调“切身性”的同时，亦将“切身性”延展为对“情境性”的关注。

这种“情境性”换一种表述即“实际”。强调从人和事物存在的实际出发便成为中国传统实践观的核心理念。结合“利用”“厚生”可以看到，“利用”虽肯定人对对象物进行利用的合理性和正当性，但同时强调“利用”需要以对人与对象物之共在情境的把握为前提，这种情境在中国传统语境中主要集中于天时、地利与人和的表述中。天时、地利所代表的是时空综合体，人和所代表的与之关联的社会伦理关系要求作为实践主体的人既要审时度势、因势而行、不违其时，同时也当“抱道执度”①、中道而行。至于“厚生”，“厚养其生”所指除了包括对人的生命培植，也包括对其他存在物存在性的肯定与增益，他们共同构筑宇宙整体生命的协和发展。缘此，在具体实践中，除了考虑人自身的需求外，必须同时关注实践对象的存在秩序及其存在环境的情况，后者的存在形态的统一与限度为实践过程中的判断、选择提供依据。进言之，实践过程中的合目的性与合法则性、应当做什么与应当如何做、理论知识的参照与实践知识的运用②完全取决于对当下实践情境，尤其是对实践对象及其所在环境以及人对之影响的程度的综合考量与判断。只有在此基础上，才能“使实践关系所涉及的不同方面达到适合于或有利于实践过程展开的统一形态”③。

4. 中国传统实践观的协和性特点

“惟和”所体现的中国传统实践观注重“协和”的特点，与其实践内涵紧密相关。如前文所示，“惟和”的实践内涵主要包括两方面，一是强调实践因素的合理配合，以最大程度保障实践活动的有效性；二是作为对实践境界与目的的设

① 陈鼓应：《黄帝四经今注今译》，商务印书馆 2007 年，第 409 页。

②③ 杨国荣：《人类行动与实践智慧》，生活·读书·新知三联书店 2013 年，第 297 页。

定，以寻求共同善为行动的根本导向。

就“惟和”的实践内涵的第一层看，它首先指示出中国传统实践观在实践的历史展开中隐含一种关系性思维，这种关系性思维主要表现为对实践展开场域以及所涉及不同对象和层面的认识。按照中国古人的理解，任何具体存在物都生存在基于“道”这一根本的普遍联系的场域中，实践的展开并非单纯作用于对象物，而是基于对人和对象物各自的特点，以及相互之间关系的充分认识之上所展开的变革活动。变革的内容除了对象物之外，还包括相互间的关系，因此人对自身与实践对象之间关系的理解就成为实践展开的前提。与此同时，实践作为人通过处理与存在物关系而实现变革的活动，其目的在于实现自身与世界的更好存在。从这个角度说，何谓“好”，如何实现“好”以及如何使得对“好”的追求合乎规范是实践需要处理的核心问题，并具体展开为诸如实践活动的根源与动力、实践活动落实之道与效果，实践活动的主体与对象，以及实践活动之最终境界等实践过程的不同层面。另外，在具体实践中，还需要处理的关系包括像“对世界的实践关切与理论解释，行动的合目的性与合法则性、应当做什么（目的）与应当如何做（手段）、一般原则的引用与特定情境的分析”[①]等。如何保障实践得以实践并发挥效用，需要对实践所涉逻辑链条不同环节予以通盘考虑，同时还需要注意处理不同环节以及行动，选择各自的内部关系，使之尽可能彼此协调融贯。

从“惟和”实践内涵的第二层面看，它揭示出中国传统实践观对理想实践境界的期许。中国古人将实践活动区分为成己与成物两方面，成己从广义说就是成就人自身，而成物则可拓展为“赞天地之化育”[②]，两者不仅仅关乎存在，更关乎天地秩序的建构与价值世界的开显。在中国古人看来，实践的意义除了维持实践主体的自然生命延续，更重要的是能建构一个和谐有序的价值世界，使得生存于其中的万物都能自我成就更好的生命状态，彼此协和，共同发展，这与中国古人对天道的体证有关。不仅如此，天道的价值之一被认为主要表达为万类之协和有序，共生共荣，故作为实践主体之人不仅肩负自身的存续之责，同时也不能遗

① 杨国荣:《人类行动与实践智慧》，生活 · 读书 · 新知三联书店 2013 年，第 297 页。

② （宋）朱熹撰，《四书章句集注》，中华书局 2008 年，第 32 页。

落他者，尤其是自然世界中其他生类的发展，在寻求自身内外身心秩序协和的同时，也需要协调人与其他生命的存在关系。同时，人自身的存在与发展，按照古人的看法，亦离不开其他存在物的支持，无论是自然世界还是人类社会，人与他者始终是命运共同体的关系，因此，人类自身更好存在与他者的更好存在乃一体共成的关系，这种一体性落实为行动，即儒家之“己欲立而立人”①，“亲亲而仁民，仁民而爱物”②，引导出的实践境界即协和有序，生生不已。

需要注意的是，实践是一个动态化的行动过程，它既包括实践主体个人的活动，也包括不同实践主体相互合作的活动，很难确定哪一阶段为实践活动终结。因此，实践境界中对不同存在物以及关系协和的追求被自然转换为对实践过程的整体性要求，并具体体现为“合度”“中道”“合情”“合理”等这些具体价值标准在实践活动中的呈现，从这个层面说，中国传统实践观有将实践过程与实践境界进行贯通的取向，强调两者的统一性与融通性，此为中国传统实践观协和性特点另一体现。

三、结　语

“正德、利用、厚生惟和”所呈现的中国传统实践观的内涵与特点表明，中国古人始终将生命作为思考与展开实践的核心。借助对生命本质、层次、状态、情境的关切，古人开显出以物质和精神为代表的生命多重向度。而实践活动则首先展开为安顿不同生命向度的活动，并具体呈现为以作为实践本原之生命本质为实践活动开端，以实践活动之内容与效用为落实，以实践活动之主体与对象为关切，和以实践活动之最终境界为指归的内在逻辑链条。

在对生命的理解上，中国古人除了从个体生命出发拆解其存在的不同生命向度，还将生命所包摄的范围作了拓展，即在论及生命时，不局限于有生命之物，即动物的狭义范围，而是从有机自然观的立场出发，将生命所赖以生存的自然世界纳入生命的范围中予以整体性观照，并从生命存在关联性出发拓展生命存在场

① 程树德:《论语集释》，中华书局 1990 年，第 428 页。

② （清）阮元校刻:《十三经注疏》，中华书局 1980 年，第 2771 页。

域，从而将生命实践由个体延伸至人类社会乃至自然世界。

生命实践不仅是中国传统实践活动的核心内容，同时也是中国传统实践的根本所在。以生命实践为核心，中国古人不仅呈现了关于实践的独特理解，有助于丰富现代人对实践的认识，同时，其所得出的实践智慧亦将为社会主义和谐社会乃至人类命运共同体的构建提供重要的借鉴。

【执行编辑：吴立群】

新时代高校中华优秀传统文化教育的三维审思*

王　莹　刘祥平　肖伟华**

【摘　要】在新时代全国上下积极传承发展中华优秀传统文化的背景下，迫切需要从“育什么人”“以什么育人”“如何育人”三个维度解答制约高校中华优秀传统文化教育的关键问题。以提升大学生对中华优秀传统文化的理性认识和行动能力为目标导向，高校中华优秀传统文化教育应梳理构建德育、智育、体育、美育和劳动教育的内容体系，综合运用理论教育、实践教育和环境教育等多重路径。

【关键词】中华优秀传统文化教育；目标；内容；路径；高校

改革开放以来特别是党的十八大以来，中华优秀传统文化的铸魂育人功能受到高度重视，先后出台《完善中华优秀传统文化教育指导纲要》(以下简称《指导纲要》)、《关于实施中华优秀传统文化传承发展工程的意见》(以下简称《意见》)等文件，要求把中华优秀传统文化贯穿国民教育始终。总体上看，高等教育阶段的中华优秀传统文化教育虽已进行了有益的实践探索和理论研究，但较之中小学阶段①，仍缺乏专门的文件指导和明确的政策依据，高校在思想上对中华

---

* 本文为国家社会科学基金青年项目“完善新时代思想政治工作体系研究”(项目编号：23CKS060)、江苏省社会科学基金青年项目“马克思主义基本原理‘两个结合’的路径与江苏实践研究”(项目编号：23MLC002)、江苏省教育科学“十四五”规划2021年度学生资助专项课题“资助育人新格局下高校学生综合素质评价改革对策研究——基于江苏双一流高校的实践经验”(项目编号：X-c/2021/28)阶段性成果。

** 王莹，河海大学马克思主义学院副教授、硕士生导师，主要研究方向为高校思想政治教育、思想政治教育基础理论；刘祥平，河海大学图书馆馆员，主要研究方向为图书情报与数字图书馆；肖伟华，南京农业大学学生工作处学生资助管理中心副主任，助理研究员，主要研究方向为高校学生教育管理。

① 2021年2月，教育部印发《中华优秀传统文化进中小学课程教材指南》。此前，教育部多次下发相关文件，2004年教育部与中宣部联合发布《中小学开展弘扬和培育民族精神教育实施纲要》，2010年下发《教育部办公厅关于在中小学开展创建中华优秀文化艺术传承学校活动的通知》，2013年印发《中小学书法教育指导纲要》等。

优秀传统文化教育的目标、内容和地位等认识不统一，在实践中不同程度地存在育人导向不明、重形式轻内容、重活动轻引领等现象。这就迫切需要加强学理探究的基础性工作，深入阐释新时代高等教育阶段的中华优秀传统文化教育到底“育什么人”“以什么育人”“如何育人”等关键问题。

一、新时代高校中华优秀传统文化教育的目标之维：育什么人

科学回答“育什么人”的根本问题和首要问题，确立明确而精准的育人目标，纠正在目标维度存在的常见误区，是高校开展中华优秀传统文化教育的前提和根据。制定新时代高校中华优秀传统文化教育目标，需要把握以下原则：一是导向性原则。虽然中华优秀传统文化诞生、成熟于封建社会，但当今我国重视和加强中华优秀传统文化教育，绝不是为了传播乃至复兴封建文化，更不是要用中华优秀传统文化取代马克思主义的指导地位，而是旗帜鲜明地利用中华优秀传统文化服务于中国特色社会主义建设，高校在进行中华优秀传统文化教育时务必要坚持社会主义办学方向。二是时代性原则。当今时代加强中华优秀传统文化教育，“不是要将其作为古董般的置于博物馆珍藏，也不是将传统文化的‘母版’照抄照搬到当代社会，进行所谓的文化复古”[①]，而是坚持古为今用，立足新时代的历史方位，对中华优秀传统文化进行创造性转化和创新性发展，不断焕发其当代价值。三是学段性原则。中华优秀传统文化教育需要“分学段有序推进”，高校中华优秀传统文化教育要从高等教育学段的育人定位出发，确保高校中华优秀传统文化教育充分体现高等教育的特点，注重发挥高等教育在开展中华优秀传统文化教育方面“高阶性”的独特优势。因此，本文认为，新时代高校中华优秀传统文化教育目标可以概括为引导大学生学习领会中华优秀传统文化的精髓要义及其时代价值，关键是认识清楚马克思主义同中华优秀传统文化的关系，并提高传承发展中华优秀传统文化的使命感和行动力。

① 田鹏颖：《马克思主义基本原理同中华优秀传统文化相结合学理探析》，《哈尔滨工业大学学报（社会科学版）》2022 年第 1 期。

1. 引导大学生学习领会中华优秀传统文化的精髓要义及其时代价值

教育部社会科学司负责人就《完善中华优秀传统文化教育指导纲要》答记者问时指出，当前我国传统文化教育的现状还不尽令人满意，最为核心的问题之一是“重知识讲授、轻精神内涵阐释的现象比较普遍。在具体的教学实践中，有些学校以应试教育为导向，偏重对学生进行知识点的灌输，单纯地让学生记忆一定的传统文化知识，相对缺少对传统文化蕴含的民族精神、道德情操、人文涵养的深入挖掘和宣讲”①。总体上看，这一现象主要存在于中小学阶段，而高等教育阶段的中华优秀传统文化教育有责任也有能力规避和解决这类问题。高校中华优秀传统文化教育，不是要在中小学中华优秀传统文化知识教育的基础上继续进行量的增加，也不是要在细节上对中华优秀传统文化的某个知识点进行深入钻研，而是从根本上提高大学生的理性认识和探究能力，引导他们穿透卷帙浩繁的中华优秀传统文化典籍著作，理解领会中华优秀传统文化的思想精髓、核心要义，准确把握中华优秀传统文化的时代价值，实现从知识到义理的跃升、从传统到当代的转化。具体而言，应引导大学生着重领会中华优秀传统文化的核心思想理念，中华传统美德和中华人文精神。

2. 引导大学生正确认识马克思主义同中华优秀传统文化的关系

马克思主义同中华优秀传统文化的关系是高校开展中华优秀传统文化教育需要着重讲清楚的关键议题和复杂难题。马克思主义基本原理同中华优秀传统文化相结合是中国共产党百年奋斗的宝贵历史经验，但大学生对马克思主义与中华优秀传统文化的关系还有诸多认识上的疑问，认为它们有着“遥远的时间差、空间距、民族别、文化异”②，并不完全理解二者为何要结合、结合何以可能、各自处于何种地位等。因此，高校中华优秀传统文化教育的重要目标之一是引导大学生正确认识马克思主义同中华优秀传统文化的关系。首先，要让大学生认识到马克

① 《加强传统文化教育　增强青少年学生的民族文化自信和价值观自信——教育部社会科学司负责人就〈完善中华优秀传统文化教育指导纲要〉答记者问》，中华人民共和国教育部，http://wap.moe.gov.cn/jyb_xwfb/sz71/201404/tz0140401-166526.html。

② 田鹏颖：《马克思主义基本原理同中华优秀传统文化相结合学理探析》，《哈尔滨工业大学学报（社会科学版）》2022 年第 1 期。

思主义同中华优秀传统文化相结合是二者的共同需要，既是马克思主义中国化大众化的最好方式，也是中华优秀传统文化保持生机活力的成功秘诀，二者的结合是实现中华民族伟大复兴的思想保证。其次，要让大学生认识到马克思主义同中华优秀传统文化看似没有直接关联性，但其实“在自身性质、思维方法、理论品格、价值理念等方面具有内在契合性”[①]，为二者相结合提供了可能。最后，还要让大学生认识到马克思主义同中华优秀传统文化的关系是主导意识与支援意识的关系，二者相结合的重要前提是必须坚持马克思主义为指导，实质是用马克思主义的真理力量激活中华优秀传统文化的生命力，用中华优秀传统文化丰富和发展当代中国马克思主义、21 世纪马克思主义。[②]

3. 引导大学生提高传承发展中华优秀传统文化的使命感和行动力

新时代高校中华优秀传统文化教育，关键是把握处理好继承与创新的关系，处理好传统文化与当今时代的关系。习近平总书记提出的“创造性转化、创新性发展”，是指导传承发展中华优秀传统文化的重要方针。高校中华优秀传统文化教育在增强大学生的理性认识和探究能力的基础上，还应着重提高大学生的使命感和行动力，使其成长为中华优秀传统文化的忠实继承者、弘扬者和建设者。一方面，使大学生意识到自身肩负的传承发展中华优秀传统文化的重大职责。传承发展中华优秀传统文化是全体中华儿女的共同责任，其中青少年发挥着生力军的作用。而大学生作为社会新技术、新思想的前沿群体，国家培养的高级专门人才，代表年轻有活力、有开拓创新意识的一族，是推动中华优秀传统文化传承发展的不二人选。另一方面，使大学生以实际行动传承发展中华优秀传统文化。大学生传承发展中华优秀传统文化不仅要内化于心，关键是要外化于行。高校中华优秀传统文化教育要教会大学生在日常生活、工作实践中，如何促进中华优秀传统文化在传承中发展、在发展中传承。

---

① 田鹏颖:《马克思主义基本原理同中华优秀传统文化相结合学理探析》,《哈尔滨工业大学学报（社会科学版）》2022 年第 1 期。

② 王易:《马克思主义基本原理同中华优秀传统文化相结合的历史考察与时代要求》,《马克思主义研究》2022 年第 3 期。

二、新时代高校中华优秀传统文化教育的内容之维：以什么育人

“以什么育人”是新时代高校中华优秀传统文化教育中亟待回答的关键问题。当前，高校中华优秀传统文化教育内容构建需要着重从两个方面改进加强：一是增强高校中华优秀传统文化教育内容的价值性。作为教育的“血液”和教育目标的具体承载者，教育内容是影响教育实效的核心要素，直接关系到“培养什么人”“为谁培养人”的根本问题。然而，当前高校中华优秀传统文化教育内容存在一定的随意化现象，教育内容选取较少建立在对内容的目标指向的自觉反思基础之上，导致教育内容的育人立意不够突出，难免会出现教育内容偏离应有育人目标的情况。因此，新时代高校中华优秀传统文化教育应自觉在前文所述的目标指引下进行内容选择与挖掘，确保每一个教育内容具备正确的价值导向功能。二是提升高校中华优秀传统文化教育内容的系统性。教育部社会科学司负责人就《指导纲要》答记者问时指出，当前中华优秀传统文化教育内容缺少系统规划，众多课程各自为政，导致课程门类孤立化、教育内容碎片化等现象。这一问题既存在于大中小学各学段之间，也存在于高校内部。高校需要对中华优秀传统文化教育内容进行整体设计，做好全面梳理、科学分类、合理编排与系统整合。不过，强调系统性并不是要另外建立一套专门的中华优秀传统文化教育体系，而是把中华优秀传统文化教育内容“全方位融入思想道德教育、文化知识教育、艺术体育教育、社会实践教育各环节”①，结合各教育类型的特点，贯穿到高校“五育并举”的现有育人体系之中。

1. 新时代高校中华优秀传统文化德育内容

由于文化隐性地执行着价值导向、行为约束、民族凝聚等德育功能，②且中华优秀传统文化中具有丰富的德育资源。新时代高校中华优秀传统文化德育内容可以从不同维度进行萃取和梳理：一是按国家、社会、个人等不同维度，包括

① 中华人民共和国中央人民政府网，中共中央办公厅、国务院办公厅印发《关于实施中华优秀传统文化传承发展工程的意见》，http://www.gov.cn/zhengce/2017-01/25/content_5163472.htm，2017-01-25。

② 石书臣：《中华优秀传统文化与现代德育的内在联系》，《思想理论教育》2012 年第 3 期。

以“天下兴亡、匹夫有责”为重点的家国观教育，以“仁爱共济、立己达人”为重点的和谐观教育，以“正心笃志、崇德弘毅”为重点的德性观教育等。[①] 二是按思想教育、政治教育、道德教育等不同板块，思想教育方面包括乐观的人生态度、自强不息的进取精神、立志励志的理想信念；政治教育方面包括“天下兴亡，匹夫有责”的爱国主义精神、“家国一体”的整体主义精神、“为政以德”的以德治国思想；道德教育方面包括义利观、荣辱观、诚信观、孝德观。三是按思想观念形态、行为规范形态、精神品格形态等不同形态，包括讲仁爱、重民本、守诚信、崇正义、尚和合、求大同等核心思想理念；自强不息、敬业乐群、扶危济困、见义勇为、孝老爱亲等中华传统美德；求同存异、和而不同的处世方法，文以载道、以文化人的教化思想，形神兼备、情景交融的美学追求，俭约自守、中和泰和的生活理念等中华人文精神。

2. 新时代高校中华优秀传统文化智育内容

除德育内容外，新时代高校中华优秀传统文化教育还应包括以提高大学生对中华优秀传统文化基本知识的整体把握和规律性认识为目标的智育内容。一是概述中华优秀传统文化的概念、内涵、结构等基本理论；二是系统讲述中华优秀传统文化的历史渊源、发展脉络与主要流派；三是介绍中华优秀传统文化的专题性成果，诸如哲学、科技、文学、习俗等领域的主要成就；四是进行中西方文化比较，介绍近代以来中西文化碰撞和中国共产党运用中华优秀传统文化凝心聚力的百年实践，[②] 重点是讲清楚中华优秀传统文化与马克思主义的关系；五是中华优秀传统文化的未来发展前景，介绍中华优秀传统文化创造性转化和创新性发展的原则和思路。

3. 新时代高校中华优秀传统文化体育内容

体育在强健体魄的同时，还具有以体育智、以体育心的独特功能。然而，长期以来“现代西方体育成为我国当代学校体育的主角，几千年中华民族传统体育

① 王华、殷旭辉：《中华优秀传统文化融入高校思政教育刍议》，《学校党建与思想教育》2022 年第 19 期。

② 许慎：《中国共产党运用中华优秀传统文化凝心聚力的百年实践与经验》，《思想教育研究》2021 年第 1 期。

文化在学校体育中出现历史的脱节现象”①，亟待推动中华优秀传统文化融入体育教育。新时代高校中华优秀传统文化体育内容包括“中华传统体育项目、传统体育健康知识、中华体育精神”。一是推进中华传统体育项目进校园，如武术、摔跤、棋类、射艺、龙舟、毽球、五禽操、舞龙舞狮等，在教授动作技艺、比赛规则的同时简要讲解其历史起源与文化内涵；二是讲授传统体育健康知识，传统体育在“不治已病治未病”的预防理念指导下，注重“天人合一”“道法自然”“动静结合”“不伤不损”“内外兼修”，由此形成的养生观念和知识对现代人保持身心健康具有补充作用；三是弘扬中华体育精神，如为国争光、无私奉献的爱国主义精神，遵纪守法、团结协作的集体主义精神和科学求实、顽强拼搏的实干奋斗精神。

4. 新时代高校中华优秀传统文化美育内容

美育是审美教育、情操教育、心灵教育、丰富想象力和培养创新意识的教育，针对现实中出现的“以洋为美、以洋为尊”现象，须在美育工作中强化中华优秀传统文化教育。新时代高校中华优秀传统文化美育内容有“中华优秀传统艺术审美体验、中华优秀传统艺术知识、中华美育精神”。一是推进戏曲、民乐、书法、国画等中华优秀传统文化艺术进校园，使大学生在浸润式的艺术审美体验中形成对中华优秀传统艺术的感知与理解；二是讲授中华优秀传统艺术知识，让广大学生在艺术学习过程中了解中华文化变迁，触摸中华文化脉络，汲取中华文化艺术精髓；三是弘扬中华美育精神，通过心灵美、礼乐美、语言美、行为美、科学美、秩序美、健康美、勤劳美、艺术美等中华优秀传统美育资源，传达个体与社会、道德与审美、身体与心灵、艺术与人生、自然与自由相统一的审美特质。②

5. 新时代高校中华优秀传统文化劳动教育内容

劳动教育具有树德、增智、强体、育美、笃行的综合育人价值，可以和中华优秀传统文化教育相互借力。新时代高校中华优秀传统文化劳动教育内容包

---

① 崔乐泉、孙喜和：《中华优秀传统体育文化传承发展的理论与实践》，《北京体育大学学报》2018 年第 1 期。

② 冯学勤：《立足中华文化传统　感悟中华美育精神》，《中国社会科学报》2022 年 8 月 17 日。

括“中华传统基本劳动能力、中华传统劳动精神、中华传统劳动观”。一是提高中华传统基本劳动能力，有目的、有计划地组织学生参加洒扫、烹饪等日常生活劳动，农耕、蚕桑、纺织等生产劳动，剪纸、刺绣、泥塑等传统工艺劳动，掌握必要的劳动技能，形成良好劳动习惯；二是培养中华传统劳动精神，诸如勤恳踏实、敬业奉献、执着专注、精益求精、创新创造、艰苦奋斗等劳动精神、工匠精神；三是推介中华优秀传统文化中反对四体不勤、不劳而获，崇尚劳动、诚实劳动、热爱劳动、珍视劳动果实等劳动价值观。

三、新时代高校中华优秀传统文化教育的路径之维：如何育人

虽然相比于“育什么人”和“以什么育人”而言，“如何育人”属于工具性问题，但这是一个关系到育人目标能否有效落实和育人内容能否精准传输的重要问题。遵循与教育目标相对接、与教育内容相适配、与高校特点相契合的原则，新时代高校中华优秀传统文化教育应综合运用理论教育、实践教育和环境教育等路径，注重实现多样化与一体化、制度化与长效化相统一。

1. 优化理论教育，增进大学生中华优秀传统文化知识和观念

新时代高校中华优秀传统文化智育内容主要表现为知识，德育、体育、美育和劳动教育中都有知识和观念的部分，因此，理论教育是高校中华优秀传统文化教育的基础性工作。课堂教学是高校中华优秀传统文化理论教育的主渠道：加强中华优秀传统文化相关学科建设，重视保护和发展具有重要文化价值和传承意义的“绝学”、冷门学科，开设好中华优秀传统文化专业课；思想政治理论课应系统进行中华优秀传统文化教育，研究编制中华优秀传统文化进课程教材指南，开列中华优秀传统文化典籍书单；推动高校开设中华优秀传统文化必修课、选修课等公共课，如中华文化公开课、以中华优秀传统文化传承发展和艺术经典教育为主要内容的公共艺术课程，在体育课、劳动教育课中增加中华优秀传统文化相关的内容、课时；在哲学社会科学及相关学科专业和课程中增加中华优秀传统文化的内容，从中华优秀传统文化中挖掘和汲取相关学科专业的理论资源。另外，定

期举办中华优秀传统文化专题讲座，在课堂之外面向广大学生普及和弘扬中华优秀传统文化。

2. 加强实践教育，促进大学生中华优秀传统文化认同和行动

实践、实操是中华优秀传统文化教育的最终落脚点，实践教育是高校开展中华优秀传统文化教育的“第二课堂”。实践教育通过组织引导大学生参加中华优秀传统文化相关的社会实践活动，使其在具体的情境体验中推动认识发展、促进情感认同、提升行动能力，最终实现知行合一。加强和改进新时代高校中华优秀传统文化实践教育，可以采用多种形式：项目式的实践教育，在大学生创新创业训练计划、“挑战杯”、“三下乡”暑期社会实践等实践项目中增加中华优秀传统文化选题和专项；课程式的实践教育，在思想政治理论课实践环节设定中华优秀传统文化模块，在艺术课和劳动教育课中开展非遗展示传习场所体验学习等实践活动；活动式的实践教育，推进戏曲、书法、高雅艺术、传统体育等进校园，在高校实施中华经典诵读工程，鼓励党团组织围绕中华优秀传统文化开展常规性活动；日常性的实践教育：引导学生在学习、工作、生活等日常中传承发展中华优秀传统文化。特别需要注意的是，在实践教育过程中要坚持育人导向，突出价值引领，改变“重活动轻引导”的现象，始终把提升大学生对中华优秀传统文化的知情意信行作为首要任务。

3. 改善环境教育，提升大学生中华优秀传统文化综合素养

在进行理论教育和实践教育的同时，高校还应充分利用校园环境开展中华优秀传统文化教育。在物质环境方面，深入挖掘校园历史文化价值，提炼精选一批凸显中华优秀传统文化特色的经典性元素和标志性符号，纳入校园规划设计，合理应用于校园场馆建筑、艺术雕塑、装饰布置、道路命名、宣传展板等公共空间。在文化环境方面，实施中华传统节日振兴工程，深入开展“我们的节日”主题活动，丰富春节、元宵、清明、端午、七夕、中秋、重阳等传统节日文化内涵，使其有益的文化价值深刻嵌入校园日常生活，使中华优秀传统文化“活”在广大师生的言行交往之中。在网络环境方面，提升校院各级校园网、微信公众

号、微博等网络平台的中华优秀传统文化教育氛围，推动网络文学、网络音乐、网络剧、微电影等方式传承发展中华优秀传统文化，抓好传统文化教育成果展示活动，建立承接传统习俗、符合现代文明要求的网络公共空间礼仪、礼节、礼貌规范。综合利用校园物质环境、文化环境和网络环境，使大学生从其身处的环境中受到中华优秀传统文化的无声浸润和熏陶，在不知不觉中提升中华优秀传统文化综合素养。

【执行编辑：赵　柯】

价值实践问题研究

Research on Value Practice

新时代伟大斗争精神的科学内涵和价值意蕴*

徐国民　郝丽人**

【摘　要】中国共产党百年历史是一部光荣的斗争史。新时代伟大斗争精神从马克思主义理论的批判精神、革命战争年代的伟大斗争精神中继承和发展而来。它蕴含着坚持党的全面领导，坚定理想信念，以中国式现代化全面推进中华民族伟大复兴的斗争方向；秉持了不畏惧风险和挑战，敢于斗争、善于斗争的精神品格；坚持人民至上的立场、发挥开拓创新的斗争意志。新时代，中国共产党坚持与弘扬伟大斗争精神，对于开辟马克思主义新境界、推动党的建设伟大工程、实现中华民族伟大复兴、共筑和谐世界具有重要的理论和现实意义。

【关键词】中国共产党；马克思主义；斗争；伟大斗争精神；新时代

习近平总书记在党的第二十次代表大会报告中指出，在前进道路上，全党同志要“坚持发扬斗争精神。增强全党全国各族人民的志气、骨气、底气，不信邪、不怕鬼、不怕压，知难而进、迎难而上，统筹发展和安全，全力战胜前进道路上各种困难和挑战，依靠顽强斗争打开事业发展新天地”①。因此，从世界百年未有之大变局和许多具有新的历史特点的伟大斗争的实际出发，在全面把握“前

* 本文为国家社会科学基金重点项目（项目编号：20AKS015）阶段性成果。

** 徐国民，华东理工大学马克思主义理论研究中心主任，马克思主义学院副院长，教授、博士生导师，主要研究方向为马克思主义中国化与意识形态建设研究；郝丽人，华东理工大学马克思主义学院硕士研究生，主要研究方向为马克思主义中国化。

① 习近平：《高举中国特色社会主义伟大旗帜　为全面建设社会主义现代化国家而团结奋斗——在中国共产党第二十次全国代表大会上的报告》，《人民日报》2022 年 10 月 26 日。

进道路上各种困难和挑战”的基础上，澄清新时代伟大斗争精神的科学内涵、核心要义及其与革命战争年代伟大斗争精神的区别和联系，是中国共产党人不断发扬伟大斗争精神、实现“在危机中育新机，于变局中开新局”的现实需要。本文从伟大斗争精神的演进过程入手，结合新时代的具体实际，阐明新时代伟大斗争精神的科学内涵及其价值意蕴，以期为新时代中国共产党人增强斗争本领、不断发扬伟大斗争精神，团结带领中国人民实现中华民族伟大复兴提供智力支持。

一、伟大斗争精神的历史演进过程

我们知道，马克思主义理论本身是一个革命的、批判的、实践的理论，而马克思恩格斯对未来社会的科学预判，其本身就是在对“旧世界”的批判中发现的“新世界”。可以说，伟大斗争精神，就是在解决“旧世界”的问题，不断推动“旧世界”的消亡和“新世界”的产生，进而实现全人类的解放这一理论与实践过程中形成的。习近平总书记指出：“彻底的批判精神是马克思主义本质特征，马克思主义就是在同各种错误思潮的不断斗争中开辟前进道路的。”① 中国共产党人始终坚持用批判的、革命的观点诠释伟大斗争精神，指引中国的革命建设改革。可以说，中国现代史就是中国共产党领导团结全国各族人民的奋斗史、斗争史。

一百年来，中国共产党人团结带领全国各族人民不畏艰难险阻，在革命建设改革的不同历史时期进行了许多不同特点的伟大斗争，形成了伟大斗争精神。因此，伟大斗争精神这一科学概念的提出，既是马克思主义不断与中国具体实际相结合的理论成果，也是党团结带领全国各族人民百年斗争经验的凝练与升华。中国共产党以马克思主义理论作为斗争的思想武器，在面对不同时期的不同矛盾时，坚持用马克思主义的立场、观点和方法来分析问题、解决问题，团结带领了全国各族人民进行了顽强的斗争。党的百年斗争经验告诉我们，正是因为马克思主义好、马克思主义行，中国共产党才能够在一次又一次的伟大斗争中取得胜利。

① 习近平:《思政课是落实立德树人根本任务的关键课程》,《求是》2020 年第 17 期。

中国共产党在伟大斗争的实践中，实现了理论与实践的良性互动，将马克思主义基本原理与中国社会具体实际问题相结合，不断推进理论创新与实践创新的辩证统一。分析伟大斗争精神的历史演进过程，既要看到我们党从实践中取得的朴素斗争经验，又要看到我们党在伟大斗争中运用马克思主义的立场、方法、观点进行理论指导实践的意义。在马克思主义的引领之下，中国共产党开启了正义的、正确的斗争之路，从而将马克思主义斗争哲学落实为鲜活的斗争实践。

新民主主义革命时期，面对中国半殖民地半封建社会，内无民主制度而受封建主义压迫、外无民族独立而受帝国主义压迫，政治经济发展不平衡，斗争主要是为了实现民族独立和人民民主。毛泽东以鬼讽喻，把封建神权、帝国主义势力等各种国内外反动势力比作鬼。1919 年，毛泽东在《湘江评论》创刊宣言中掷地有声提出了“六不怕”：“什么不要怕？天不要怕，鬼不要怕，死人不要怕，官僚不要怕，军阀不要怕，资本家不要怕。”[①] 正是有了这种“不怕”的斗争精神，毛泽东提出了新民主主义革命的基本思想，阐述了农村包围城市、武装夺取政权的思想，提出了武装斗争是革命之关键。在二万五千里长征的艰苦斗争历程中，红军抢险飞渡、翻越雪山、跋涉草地，除了肉体的磨炼，还要面对死亡的威胁，表现出无坚不摧的战斗力量。粟裕将军回忆井冈山斗争时说：“时值隆冬，我们穿行在崇山峻岭之间。山上积着冰雪，穿的单衣已破破烂烂。就这样一支坚韧不拔的军队，使拥有二百万军队的蒋介石寝食难安。”[②] 党和红军几经挫折而不断奋起，历尽苦难而淬火成钢，为救国救民，不怕任何艰难险阻，不惜付出一切牺牲。同时，毛泽东也提醒全党“着重武装斗争，不是说可以放弃其他形式的斗争；相反，没有武装斗争以外的各种形式的斗争相配合，武装斗争就不能取得胜利”[③]。因此，毛泽东还提出了一系列在文化、政策策略、党的建设等方面进行不懈斗争的思想。他在党的七大上鲜明地指出：“有无认真的自我批评，也是我们和其他政党互相区别的显著的标志之一。”[④] 党的伟大不在于不犯错误，而在于

① 毛泽东：《创刊宣言》,《湘江评论》1919 年 7 月 14 日。

② 粟裕：《粟裕战争回忆录》，知识产权出版社 2005 年，第 55 页。

③ 《毛泽东选集》第二卷，人民出版社 1991 年，第 636 页。

④ 《毛泽东选集》第三卷，人民出版社 1991 年，第 1096 页。

从不讳疾忌医，积极开展批评和自我批评，敢于直面问题，勇于自我革命。通过自我批评总结党的历史经验，在总结历史经验的过程中增强党的团结，无论在中国共产党的历史上，还是在国际共产主义运动的历史上，这都是党的建设斗争的伟大创举。为此，中国共产党及时批判并纠正了自身所犯的本本主义、“左”倾、右倾等错误，用实事求是的斗争原则制定灵活有效的军事策略和革命方法，最终取得斗争的胜利。中国共产党人以毫不妥协的斗争意志和高超的斗争本领，带领中国人民赶走侵略者，打败反动派，极大地鼓舞了中国人民和世界人民敢于斗争、敢于胜利的志气和信心，在世界范围内产生了广泛深远的影响。

社会主义革命和建设时期，人民群众的根本需要是走社会主义道路，实现经济文化的迅速发展。在这种情况下，毛泽东正式提出了党在过渡时期的总路线和总任务，从而将斗争的焦点转向建立社会主义制度和建设社会主义现代化。在这一思想的指引下，中国共产党领导人民群众进行社会主义改造和社会主义建设，坚持两者同时并举，促进社会生产力的发展。同时，采取积极引导、逐步过渡的方式对农业、手工业和资本主义工商业进行改造。1956 年底，我国对农业、手工业、资本主义工商业的改造基本完成，实现了把生产资料私有制转变为社会主义公有制的目标，使一穷二白、人口众多的东方大国迈进了社会主义社会，推动了生产力的全面发展，为社会主义现代化奠定了坚实的制度和物质基础。

改革开放和社会主义现代化建设新时期，中国共产党人总结了我国革命和建设正反两方面的历史经验，并在党的十一届三中全会上重新确立了党的实事求是思想路线，停止了“以阶级斗争为纲”的错误口号，决定将全党的工作重心和全国人民的注意力转移到社会主义现代化建设上，强调在自力更生的基础上积极发展同世界各国进行平等互利的经济合作，从而明确了伟大斗争新的历史任务。在这一时期，面对西方势力的反华浪潮，邓小平强调中国人民“不怕鬼”“不信邪”，强调中国在风云变幻的世界浪潮中，无论风险挑战多么艰巨，我们都能独立自主、自力更生，在各种强大的势力中依靠自己的力量站稳脚跟，在斗争中前行、在斗争中发展，不断克服国内外种种影响经济和社会发展、损害人民利益的风险和困境。可以说，面对当年相对落后的生产状况、人民生活水平较低等现实问题，党领导人民艰苦斗争，把工作重心从阶级斗争转向了以经济建设为中心、以解放和发展生产力为根本目的的改革开放，逐步建立起中国特色社会主义制度，建立社会主义市场经济体系，不断推动社会主义文化大发展、大繁荣，从而实现了我国的社会生产、综合国力和人民生活水平的大幅度提升。

习近平总书记在党的十九大报告中指出，实现“中华民族伟大复兴，绝不是轻轻松松、敲锣打鼓就能实现的。全党必须准备付出更为艰巨、更为艰苦的努力”[①]。可以说，中国特色社会主义进入新时代，我们面临着许多具体的新特点的伟大斗争。经过长期努力，我国经济社会得到了长足的发展，人民群众不仅对物质文化生活提出了更高的要求，而且对民主、法治、公平、正义、安全、环境等方面的需求也在日益增长，发展的不平衡不充分问题也日益突出。与此同时，世界正面临着百年未有之大变局，某些西方国家在全球范围内极力推行其价值观，并同霸权主义和强权政治相结合，从而使世界的不稳定性、不确定性因素和冲突明显增强，世界格局和世界局势加速演变。面对国际国内出现的新挑战、新问题，中国共产党深刻分析了当前我国主要矛盾的变化以及伟大斗争的新特点，进一步明确指出了人民日益增长的美好生活需要和不平衡不充分的发展之间的矛盾，是我国社会的主要矛盾。一方面，我们立足新发展阶段、贯彻新发展理念、构建新发展格局，实现经济的高质量发展，把逐步实现全体人民共同富裕摆在更加重要的位置上，把促进全体人民共同富裕作为当前时期为人民谋幸福的着力点，努力满足人民群众的美好生活需要；另一方面，我国在全世界坚持并践行了真正的多边主义，切实维护世界各国的主权、安全和发展利益，始终坚持做世界和平的建设者、全球发展的贡献者、国际秩序的维护者，努力推动构建人类命运共同体。

面对新时代的伟大斗争，中国共产党始终坚持发扬伟大斗争精神，始终秉持了“不信邪、不怕鬼、不怕压”的精神气节，不畏风险和挑战，敢于斗争、善于斗争，不当软骨头，主动迎战，努力争取斗争的主动权，赢得了尊严、求得了发展。可以说，从伟大斗争精神的历史演进过程来看，伟大斗争精神贯穿于中国革命建设改革的全过程，并且在现在依然具有生机活力和积极的实践指导意义，中国共产党人在实践中不断发扬斗争精神，推动党和国家事业不断向前发展。

---

① 习近平：《决胜全面建成小康社会　夺取新时代中国特色社会主义伟大胜利——在中国共产党第十九次全国代表大会上的报告》，《人民日报》2017 年 10 月 28 日。

总而言之，中国共产党在不同时期科学研判了社会主要矛盾与伟大斗争的特点，运用了科学理论，弘扬了伟大斗争精神，带领人民解决了经济社会发展中的主要矛盾，实现了不同时期伟大斗争的胜利，从而使社会主义现代化呈现出蓬勃生机。正是因为我们党始终坚持马克思主义指导地位，始终坚持实事求是的工作路线，才能够在不同时期的斗争中取得胜利。我们党根据历史发展的规律进行变革现实与社会的实践，用行之有效的政策和策略领导人民进行斗争。在马克思主义的指导下，中国共产党从党的百年斗争经验中淬炼出先进的斗争理念，在理论与实践的良好互动中，丰富了伟大斗争精神。在时代浪潮和实践的发展中，伟大斗争精神也不断被赋予新的理论内涵，变革社会的现实行动与先进的理论思想不断融合、碰撞，彼此促进发展。中国共产党不断发挥斗争的自觉性与能动性，始终坚持马克思主义指导，创新发展伟大斗争精神，从而取得了斗争的胜利。

二、新时代伟大斗争精神的科学内涵

习近平总书记在党的第二十次代表大会报告中指出，党中央“团结带领全党全军全国各族人民撸起袖子加油干、风雨无阻向前行，义无反顾进行具有许多新的历史特点的伟大斗争”①。可以说，全力战胜前进道路上各种困难和挑战，依靠顽强斗争打开事业发展新天地，以中国式现代化全面推进中华民族伟大复兴，构成了新时代伟大斗争的核心要义。在新时代发扬斗争精神，就是要不断推动党和国家事业向前发展，实现中华民族伟大复兴。由此可见，新时代伟大斗争精神指的是共产党人在实现这一奋斗目标中体现出的顽强拼搏、不怕牺牲的精神状态。

伟大斗争精神来源于马克思主义的阶级斗争学说及其矛盾理论，来源于中华优秀传统文化中蕴藏着的自强不息、一往无前的进取意识。新时代伟大斗争精神与革命战争年代的伟大斗争精神，既一脉相承又与时俱进，其中蕴含的坚定崇高理想信念、英勇斗争、不畏牺牲以及坚持开拓创新的精神内核一直传承至今。同时，随着实践的不断推进，斗争精神作为一种特质的文化、思想，在不同时代有

① 习近平：《高举中国特色社会主义伟大旗帜 为全面建设社会主义现代化国家而团结奋斗——在中国共产党第二十次全国代表大会上的报告》，《人民日报》2022年10月26日。

着不同的内涵和表现形式。就今天来看，新时代伟大斗争精神就是坚持党的全面领导，坚定理想信念，不断奋进；秉持不畏惧风险和挑战，敢于斗争、善于斗争的精神品格；站稳人民至上的立场、发挥开拓创新的斗争意志的科学内涵。

1. 坚持党的全面领导，坚定中国特色社会主义共同理想和共产主义远大理想，牢牢把握以中国式现代化全面推进中华民族伟大复兴这一斗争方向

心中有信仰，脚下有力量。只有始终坚定马克思主义理想信念，才能在伟大斗争中攻坚克难、奋勇前行，才能为实现中国特色社会主义共同理想和共产主义远大理想而顽强拼搏。同时，斗争的方向问题是斗争的主要问题，只有把握了正确的斗争方向，才能在斗争中保持清醒的头脑，避免斗争的盲目性。新时代伟大斗争精神中蕴含着时刻对党忠诚，始终坚持中国共产党领导的重要内涵。

一百年来，理想信念始终是中国共产党人的精神之钙，是中国共产党人的精神谱系之魂。中国共产党人依靠崇高理想和坚定信念走过一百年，同样也要依靠崇高理想和坚定信念走好第二个百年奋斗历程。“理想信念是中国共产党人的精神支柱和政治灵魂，也是保持党的团结统一的思想基础。党员干部有了坚定理想信念，才能经得住各种考验，走得稳、走得远；没有理想信念，或者理想信念不坚定，就经不起风吹浪打，关键时刻就会私心杂念丛生，甚至临阵脱逃。”① 崇高理想和坚定信念是中国共产党人的精神之魂，也是中华民族和中国人民一直以来的精神追求和精神脊梁。坚持党的全面领导，坚定理想信念，以中国式现代化全面推进中华民族伟大复兴，是新时代中国共产党进行伟大斗争的根本遵循。

近代以来，为实现中华民族伟大复兴，无数仁人志士抛头颅、洒热血，在反抗帝国主义、封建主义、官僚资本主义压迫和剥削过程中，进行了许多艰苦卓绝的斗争。在革命战争年代，中国共产党无数革命先辈坚定了共产主义崇高理想信念，对党忠诚，为新中国的崛起而艰苦奋斗。可以说，只有怀揣崇高理想信念，井冈山的星星之火才会有燎原之势，中国工农红军才能在异常艰苦的斗争环境中以惊人的毅力与意志走完了二万五千里长征，以超越生命极限的精神为人类历史

① 《信念坚定对党忠诚实事求是担当作为　努力成为可堪大用能担重任的栋梁之才——习近平在中央党校（国家行政学院）中青年干部培训班开班式上发表重要讲话强调》，《人民日报》2021 年 9 月 2 日。

谱写了一部无与伦比的英雄史诗。革命先辈们在敌强我弱的斗争条件下，坚定听党话、跟党走的信念和信心，团结在中国共产党周围，与人民群众一道进行了顽强斗争，最终取得革命胜利。2019 年 5 月，习近平总书记在江西省于都县考察时指出："当年革命十分艰难，也可能不成功，但人们心中理想信念之火一经点燃，就永远不会熄灭，就一定会前赴后继，哪怕当时不成功，将来也必然成功！这个理想信念我们一定要有，要把这个火烧得旺旺的。"① 可以说，理想信念不灭，斗争不止。崇高的理想信念成为党带领人民进行斗争的动力之源。

中国共产党自成立以来，继承先辈们的意志，依靠马克思主义信仰、坚定的无产阶级意识、中国特色社会主义和共产主义崇高理想信念，团结带领中国人民进行了革命、建设、改革的伟大实践，创造了新民主主义革命、社会主义革命和建设、改革开放和社会主义现代化建设、新时代中国特色社会主义的伟大成就。中国共产党人有了坚定的理想信念，就能在历史的浪潮中披荆斩棘、挺直腰板，在国内外各种复杂局势和困难险阻中闯出一片新天地。只有始终坚持中国共产党的领导，确保党始终成为中国特色社会主义事业的坚强领导核心，牢牢把握在斗争中前行的正确方向，才能在一次又一次的斗争中取得新的胜利，才能在中华民族伟大复兴的关键历史时期，更好地打开中国特色社会主义事业发展的新局面。

2. 秉持不畏惧风险和挑战，敢于斗争、善于斗争的精神品格

2022 年 3 月，习近平总书记在中央党校（国家行政学院）中青年干部培训班开班式上的讲话中明确指出："担当和斗争是一种精神，最需要的是无私的品格和无畏的勇气。无私者无畏，无畏者才能担当、能斗争。担当和斗争是一种责任，敢于负责才叫真担当、真斗争。党员干部特别是领导干部要发扬历史主动精神，在机遇面前主动出击，不犹豫、不观望；在困难面前迎难而上，不推诿、不逃避；在风险面前积极应对，不畏缩、不躲闪。"② 可以说，任何胜利的斗争都需要顽强的斗争意志和英勇无畏、不惧牺牲的革命精神。世界上没有哪个党像我们

---

① 颜珂：《老区精神　永远镌刻在历史丰碑上——中国共产党人的精神谱系之三十一》，《奋斗》2022 年第 14 期。

② 《习近平在中央党校（国家行政学院）中青年干部培训班开班式上发表重要讲话》，中国政府网，网址：http://www.gov.cn/xinwen/2022-03/01/content_5676282.htm。

的党一样，遭遇过如此多的艰难险阻，经历过如此多的生死考验，付出过如此多的惨烈牺牲。无论敌人如何强大、道路如何艰险、挑战如何严峻，我们党总是毫不畏惧、决不退缩、百折不挠、勇往直前，团结带领人民从黑暗中找到光明，从绝路中找到生路，从精神中找到力量。

中国共产党百年党史就是一部伟大斗争史。自中国共产党成立以来，就在各种伟大斗争中砥砺前行，团结一切可以团结的力量，调动一切积极因素，用鲜明的批判精神在旧世界中发现新世界，在斗争中不断取得新的胜利。我们党伟大光荣的斗争史足以证明，一百年来的各种斗争实践锤炼出了我们党不畏风险和挑战，敢于斗争、善于斗争的精神品性。习近平总书记在党的第二十次代表大会中指出，全党同志要坚持发扬斗争精神，要不信邪、不怕鬼、不怕压，知难而进、迎难而上。① 可以说，这种“不信邪、不怕鬼、不怕压”的精神气节铸就于中国近现代人民群众的实践中，在中国共产党的伟大斗争中不断发展成熟。在新时代的斗争实践中，这种精神气节也将不断为共产党人提供更为强大的精神动力。

当今世界正经历百年未有之大变局，我们需要解决的矛盾和问题更加错综复杂，国内外风险都给我们带来了很大的挑战。从国内来看，如何推动经济社会发展、社会主义市场经济的发展和完善、怎样实现共同富裕以及怎样进行自我革命并永葆党的先进性和纯洁性等问题亟待解决；从国际来看，新冠疫情全球大流行使这个大变局加速演变，保护主义、单边主义上升，某些西方国家极力推行的“普世价值”往往同霸权主义和强权政治结合，国际格局深刻演变。面对种种全球性威胁和挑战，中国共产党要始终保持独立自主、自力更生，把发展的基点放在依靠自身的力量上来，不畏各种霸权主义和强权政治的挑战，不惧任何阻碍中华民族伟大复兴进程的艰难险阻。我们在斗争中要审时度势，用马克思主义立场、观点、方法去进行斗争，发挥共产党人善于斗争的品格，在斗争中谋求合作和共赢。坚持践行真正的多边主义，切实维护我国主权、安全和发展利益，始终坚持做世界和平的建设者、全球发展的贡献者、国际秩序的维护者，始终高举推

① 习近平：《高举中国特色社会主义伟大旗帜　为全面建设社会主义现代化国家而团结奋斗——在中国共产党第二十次全国代表大会上的报告》，《人民日报》2022 年 10 月 26 日。

动构建人类命运共同体这面旗帜。面对新时代具有许多新的历史特点的伟大斗争，中国共产党要始终坚持发扬伟大斗争精神，始终秉持“不信邪、不怕鬼、不怕压”的精神气节，不畏风险和挑战，敢于斗争、善于斗争，唯有不当软骨头、主动迎战，才能争取斗争的主动权，才能赢得尊严、求得发展。

3. 始终坚持人民至上的斗争立场，坚持把为中国人民谋幸福、为中华民族谋复兴作为党的初心和使命

人民群众是历史的创造者，是推动历史前进的强大力量。中国共产党自成立以来，就把为中国人民谋幸福、为中华民族谋复兴作为党的初心和使命。习近平总书记指出：“我们讲的斗争，不是为了斗争而斗争，也不是为了一己私利而斗争，而是为了实现人民对美好生活的向往、实现中华民族伟大复兴知重负重、苦干实干、攻坚克难。”① 也就是说，中国共产党做的一切斗争和奋斗都是为了满足人民群众的需要，始终把人民群众的根本利益和现实需要放在第一位，人民至上立场贯穿中国共产党百年奋斗的各个历史时期。21 世纪以来，尤其是在 2003 年“非典”事件、2008 年“5 · 12”汶川地震、新冠疫情等一系列危害人民生命安全与财产安全的重大风险面前，中国共产党坚持人民至上的斗争立场更加鲜明地体现出来，保障了人民群众的生命健康，实现了人民群众的根本需求，维护了人民群众的根本利益。进入新时代，我国社会主要矛盾已经转化为人民日益增长的美好生活需要和不平衡不充分的发展之间的矛盾。习近平总书记多次提出“一切为了人民”“发展成果由人民共享”“满足人民更美好的生活追求”，提出“五位一体”总体布局，在建设“富强、民主、文明、和谐、美丽的社会主义现代化强国”征程中，在经济、政治、文化、社会和生态建设的同时，使“五位一体”总体布局和现代化建设目标全面对接，推动社会不断向人民群众所追求的美好生活愿景发展。只有始终坚持人民至上的立场，我们党才能获得人民群众的信任和支持，才能在历史的斗争和实践中汇聚起更大的伟大斗争力量，推动党和国家事业的新发展。

---

① 《习近平谈治国理政》第三卷，外文出版社 2020 年，第 542 页。

4. 注重斗争方式方法，在继承历史传统的基础上不断创新斗争策略

斗争的实质就是在现实世界中，通过斗争实践促进新事物的产生，推动社会的改革和发展。在中华民族伟大复兴的关键历史时刻，斗争一直存在并将长期存在，社会中的矛盾问题和风险挑战层出不穷，绝不是轻轻松松就能解决的。新时代我们要做好进行许多具有新的历史特点的伟大斗争的准备，“越是接近民族复兴越不会一帆风顺，越充满风险挑战乃至惊涛骇浪”[①]。

新民主主义革命时期，毛泽东不拘泥于以往共产主义运动中的固有经验，创新地提出了“农村包围城市”这一武装斗争的道路、路线和策略；在社会主义建设和改革开放新时期，中国共产党团结带领了中国人民逐步探索出了一条符合中国国情的社会主义道路，形成了中国特色社会主义理论体系，制定了中国特色社会主义制度，丰富和发展了中国特色社会主义文化等。进入新时代，习近平新时代中国特色社会主义思想开辟了马克思主义新境界，是中华文化创造性转化和创新性发展的思想成果，对于人类前途命运等重大问题提出了诸多创新性方案和贡献，包括新型经济全球化方案、“一带一路”方案、“人类命运共同体”理念等，为应对全球性挑战、解决全球性问题贡献了中国智慧和中国方案。新时代伟大斗争精神不仅是对马克思主义批判精神具体的历史的发展，而且是对马克思主义科学理论中国化时代化的创新发展，开辟了马克思主义的新境界。

伟大斗争精神形成并丰富于中国共产党团结带领中国人民革命建设改革的历史进程和伟大实践之中。在不同历史时期，中国共产党根据当时斗争的对象不同，所采用的斗争形式和斗争策略都有所不同。尽管当今时代远离革命战争，但是革命战争年代伟大斗争精神中所蕴含的意志品质和思想理念到现在仍然具有正面的价值导向作用。党的百年光荣斗争史足以证明，我们党不断用开拓创新的眼光和观点进行斗争，中国共产党伟大斗争精神从革命战争年代到新时代不断在实践中发展与创新。新时代伟大斗争精神是对革命战争年代伟大斗争精神的批判继承，把握新时代伟大斗争精神，必须在继承历史的基础上实现开拓创新，让伟大斗争精神在新时代的具体实践中转化为现实力量。对于新时代伟大斗争精神，要

① 《习近平谈治国理政》第三卷，外文出版社 2020 年，第 542 页。

始终坚持用批判的眼光和方法继承和创新发展，让新时代伟大斗争精神不断在新的斗争实践中闪烁真理光芒。

三、新时代伟大斗争精神的价值意蕴

我们党的历史是一部不断推进马克思主义中国化时代化史，是一部不断推进理论创新和实践的创造史。习近平总书记在党的二十大报告中强调："不断谱写马克思主义中国化时代化新篇章，是当代中国共产党人的庄严历史责任。"[①] 新时代伟大斗争精神是不断推动马克思主义中国化时代化发展的理论成果，是对中华民族精神的批判继承与创新发展的结晶。同时，新时代伟大斗争精神是新征程上加强党的建设、以中国式现代化推动中华民族伟大复兴的强大精神动力。

1. 开辟马克思主义中国化、时代化新境界，继承并弘扬中华民族精神

一方面，马克思主义蕴含的鲜明批判精神为新时代伟大斗争精神提供了精神源泉，反之，新时代伟大斗争精神的发展也开辟了马克思主义中国化时代化的新境界。马克思主义作为中国共产党人的坚定信仰和我们党进行各种工作和决策的指导思想，并不是教条化、一成不变的。中国共产党人在中国的革命建设改革的各个历史时期，将马克思主义指导思想与具体的历史的实践相结合，与各种具有新的历史特点的伟大斗争相结合。只有将马克思主义运用于解决现实世界的问题中，将马克思主义科学的唯物辩证法运用于伟大斗争的实践中，马克思主义理论才能够具体地历史地发展。今天，经历了中国革命建设改革的斗争实践，马克思主义依然具有现实性和勃勃生机，依然对现实世界中的矛盾和问题具有指导意义。马克思主义的批判精神永不过时，将马克思主义的批判性运用于当今时代，运用于与社会各个领域中的凸显矛盾进行斗争的实践过程中，才能不断在批判旧世界中发现新世界，在不断的斗争实践中进行创新发展。新时代伟大斗争精神与马克思主义批判精神既一脉相承又与时俱进。从毛泽东思想、邓小平理论、"三

① 习近平：《高举中国特色社会主义伟大旗帜　为全面建设社会主义现代化国家而团结奋斗——在中国共产党第二十次全国代表大会上的报告》，《人民日报》2022 年 10 月 26 日。

个代表”重要思想、科学发展观，到习近平新时代中国特色社会主义思想，在中国革命建设改革的不同时期，社会主要矛盾在不断发生新变化，时代课题在不断更新，从推翻阶级压迫和剥削、寻求民族独立和人民解放、进入社会主义社会，到新时代实现人民群众对更加美好生活的向往、实现全体人民共同富裕，中国共产党人不断团结带领中国人民进行新的实践和斗争，斗争精神在实践中创新发展，不断开辟马克思主义新境界，使马克思主义始终闪烁真理的光芒。

另一方面，新时代伟大斗争精神是中华民族精神的具体体现，是中华民族精神的丰富与创新，继承并弘扬了中华民族精神。中华民族精神不是一种抽象的概念，它折射出的底蕴和更深一层的内涵是爱国主义精神。中国是一个有着五千多年灿烂文明的国家，中华民族是一个不屈不挠、历经磨难而自强不息、顽强斗争的民族。从洪秀全的金田起义、康梁的维新变法、何子渊的教育革新，再到孙中山的民主革命，华夏炎黄子孙始终以国家民族大义为己任，敢为天下先、善为天下先，屹立潮头、自强不息。中华民族精神也是与时俱进的精神，是历史性和时代性的统一，继承与创新的统一。它始终是发展的、前进的。在我国革命建设改革的不同时期，中华民族精神都会孕育出新的民族精神，成为每一时期党与人民取得伟大斗争胜利的精神动力。民主革命时期的“井冈山精神”“长征精神”“延安精神”，社会主义革命和建设时期的“大庆精神”“抗洪精神”“抗击非典精神”“载人航天精神”，新时代“坚持真理、坚守理想，践行初心、担当使命，不怕牺牲、英勇斗争，对党忠诚、不负人民”的伟大建党精神等，其中蕴含着迎难而上、苦干实干的宝贵斗争品质，它们都是不同时期中华民族精神的具体体现。因此，新时代弘扬伟大斗争精神，需要从中华民族精神中汲取精神力量，坚守迎难而上、敢于斗争的魄力与决心，以及不畏艰险、苦干实干的宝贵品质，是丰富与发展中华民族精神的现实需要。

2. 推动党的自身建设，实现中华民族伟大复兴

经过中国共产党和中国人民长期不懈斗争，中华民族伟大复兴进入了不可逆转的历史进程。新时代进行伟大斗争，必须坚持发扬伟大斗争精神。党的十八大以来，中国特色社会主义进入新时代，站在新的征程上，面对国际国内社会中更

加复杂的风险挑战，共产党人需要不断增强斗争本领、不断发扬斗争精神。

一方面，新时代伟大斗争精神是推进党的自我革命、党的建设伟大工程的强大精神动力。中国共产党团结带领中国人民在斗争中成长、在斗争中前行，从革命时期的阶级斗争到新时代具有许多新的历史特点的斗争，中国共产党坚持发扬伟大斗争精神，创造了一个又一个胜利与奇迹。在新征程上，面对新的问题和挑战，党要始终牢记打铁还需自身硬的道理。勇于自我革命、从严管党治党是我们党区别于其他一切政党的显著标志，是中国共产党最鲜明的品格，也是最大的优势。党要始终发扬彻底的革命精神和伟大斗争精神，坚持全面从严治党永远在路上，以新时代党的自我革命引领新的伟大社会革命，不断推进党的建设伟大工程。中国共产党在团结带领中国人民进行革命建设改革的伟大斗争过程中，始终坚持并推进了党的自我革命和党的自身建设，始终强调全党在思想上、行动上、政治上要保持高度一致，始终确保党的统一领导，强调党性修养，永葆党的先进性、纯洁性，严格要求党员干部增长斗争本领，提高政治能力，坚持正确的政治原则，在斗争中始终坚持马克思主义理论联系实际的认识路线、坚持实事求是的斗争原则。只有中国共产党坚持正确的斗争方向，才能带领中国人民进行正确而伟大的斗争，才能不断推动中国共产党成为经得起各种风浪考验的伟大政党。

另一方面，新时代伟大斗争精神是取得伟大事业胜利、实现中华民族复兴的不竭精神力量。实践没有止境，理论创新也没有止境，在中华民族伟大复兴的关键历史时刻，斗争一直存在并将长期存在，社会中的矛盾问题和风险挑战层出不穷，绝不是轻轻松松就能解决的。新时代我们要做好进行许多具有新的历史特点的伟大斗争的准备，“越是接近民族复兴越不会一帆风顺，越充满风险挑战乃至惊涛骇浪”①。中国共产党走过百年历程，在各种伟大斗争中不断取得伟大事业的胜利，并在伟大斗争实践中孕育了伟大斗争精神。新时代继续发扬伟大斗争精神，有利于继续推进党和国家的伟大事业，引领中国共产党在新时代不断接续奋斗，为实现中华民族伟大复兴这一伟大事业取得新的胜利提供力量源泉。伟大斗争精神承载着伟大事业必胜的信念，凭借着在斗争中获得一次次胜利的信心与勇

① 《习近平谈治国理政》第三卷，外文出版社 2020 年，第 542 页。

气，中国共产党在前行路上愈加坚定。新时代中国共产党面临着大量无法预测的风险和挑战，斗争存在于社会的各个领域中，对于风险挑战，中国共产党应当有充分的思想准备随时应对。发扬伟大斗争精神能够使中国共产党做到居安思危，时刻保持忧患意识，为迎接新的风险挑战提供强大动力。只有时刻保持伟大斗争精神，才能敏锐洞察风险，在面对斗争时保持主动、掌握先机。近年来，世界格局深刻变化，新时代中国社会发展的不确定性大大增加，面对国外反华势力威胁国家主权、安全、发展利益等重要问题，中国共产党依靠强大的斗争本领，发扬新时代伟大斗争精神化解风险，在一个又一个伟大斗争中开辟党和国家伟大事业发展的新局面。一代人有一代人的使命，一代人有一代人的担当。前赴后继的中国共产党人不怕牺牲、英勇斗争，因为他们深知，自己投身的是中华民族伟大复兴的千秋伟业，肩负的是实现人民对美好生活向往的万钧重担。实现中华民族伟大复兴，中国共产党人必须团结带领中国人民进行新的伟大斗争，必须始终不断增强斗争本领，不断发扬新时代伟大斗争精神。

3. 推动构建人类命运共同体，共筑和谐世界

随着经济全球化深入发展和世界交往的普遍、频繁、便利，世界各国人民之间已经成为一个相互联系、相互依存、相互影响的命运共同体。国家实力和国际地位不断提升的中国，逐渐由国际社会的参与者、融入者逐渐转变为国际社会的积极贡献者和责任担当者。半个世纪以来，中国积极参与和支持联合国事务，已成为世界和平的建设者、全球发展的贡献者、国际秩序的维护者和公共产品的提供者，为世界和平与发展注入新的动力。中国以中国特色大国外交为引领，首倡人类命运共同体理念，在世界舞台上展现出同舟共济、敢于担当的大国风范。

然而，当今世界正经历着百年未有之大变局，新旧国际政治经济格局正在转换之中。可以说，这种世界之变、时代之变、历史之变正以前所未有的方式和速度展开。世界经济脆弱性更加突出，地缘政治局势紧张，全球治理严重缺失，粮食和能源等多重危机叠加，和平赤字、发展赤字、安全赤字、治理赤字加重，人类社会面临前所未有的挑战，世界处在又一个十字路口。但我们坚信，和平与发展的时代主题没有改变，世界多极化和经济全球化的时代潮流也不可能逆转。新

时代伟大斗争精神是推动构建人类命运共同体、共筑和谐世界的坚实保障。

我们知道，应对全球性问题，需要全世界人民的合作与共同努力。面对威胁到全球发展和构建人类命运共同体的诸多挑战，必须发扬新时代伟大斗争精神；为增强我国的国际竞争力、维护我国主权安全、维护世界和平稳定，必须进行具有许多新的历史特点的伟大斗争。我们始终发扬伟大斗争精神，在风云变幻中把握中国前进方向，书写中国以及人类发展的壮阔史诗；始终同世界各国人民团结合作，与全球性问题进行斗争，为全世界展现中国智慧和中国方案；维护国际公平正义，践行多边主义，为世界和平与发展做出重大贡献。通过发扬新时代伟大斗争精神，与维护世界和平与发展的力量携起手来，坚决同霸权主义和强权政治作斗争，凝聚世界力量，推动共建人类命运共同体、共筑和谐世界。

总而言之，新时代伟大斗争精神从马克思主义理论的批判精神、革命战争年代的伟大斗争精神中继承和发展而来，是开辟马克思主义新境界、推动党的建设伟大工程、实现中华民族伟大复兴、共筑和谐世界的理论和现实需要。

【执行编辑：赵　柯】

马克思的“诉诸”与“新世界观”*

罗诗钿　程家明**

【摘　要】马克思之所以成为马克思主义者的马克思，“诉诸”具有决定性意义。马克思早年是民主主义者和唯心主义者，在沿着西方形而上学思路探索真理的过程中却遇到了自己“苦恼的问题”。他诉诸群众和无产阶级，为自己的人生价值目标找到“立脚点”，找到了建立实践观点的抓手，保持了彻底的科学精神，在“剥夺者被剥夺”的信念中为无产阶级的解放事业奋斗了一生。这些给我们以重要的启示。

【关键词】马克思；诉诸；新世界观

因为搅动了整个世界，唤醒了全世界无产阶级的阶级意识和革命意识，并催生了一些“幽灵”般的社会制度，马克思的思想才得以让人觉得是“最好的武器”①，并在实践中被证明果真是“最好的武器”而被作为中国共产党的指导思想。也是因为“幽灵”般的社会制度在许多国家经过几十年后“解体”，而与之相对立的资本主义制度没有在“丧钟”中灭亡，才有了这样的告诫：“认为马克思主义就消失了，没用了，失败了。哪有这回事！”②更是因为中国取得改革开放

* 本文为2020年广东高校省级重大科研项目（特色创新类项目）“中国特色社会主义立体文明构建的历史进程与经验研究”（项目编号：2020WTSCX021）阶段性成果。

** 罗诗钿，汕头大学马克思主义学院副教授、硕士生导师，广东省习近平新时代中国特色社会主义思想研究中心汕头大学研究基地特约研究员，主要方向为价值哲学、政治哲学、马克思社会发展理论的研究；程家明，汕头大学马克思主义学院教授，硕士生导师，主要方向为哲学经济学基础理论的教学研究。

① 《毛泽东选集》第3卷，人民出版社1991年，第796页。

② 《邓小平文选》第3卷，人民出版社1993年，第383页。

四十多年的成就，以及国际金融危机的出现，马克思的思想才被作为“当代性”的论题为人们所热议。本文试图从这种历史的大视角，探讨马克思的“诉诸”与“新世界观”的关系，并从这种关系中看如何像马克思那样继续向前走；换言之，本文的任务就在于替马克思之为马克思主义者的马克思寻出理由，以便更多的人成为马克思主义者。

一、“诉诸”与马克思在传统形而上学思路上的“苦恼的疑问”

1. “诉诸”何以作为问题提出来

马克思的“新世界观”①是人类认识史上的革命。这场革命的第一个文件，即“历史唯物主义的起源”②是《费尔巴哈提纲》。对此，学术界没有分歧。问题是“新世界观”何以会出现，又如何出现？也就是说，一个生活在近200年前“安逸的中产阶级家庭”③的叫马克思的德国青年，为什么会成为马克思主义者的马克思？权威的论断是列宁在1914年11月写的《卡尔·马克思》中的一段话：从《德法年鉴》杂志上发表的文章中可以看出，“他已经是一个革命家。他主张‘对现存的一切进行无情的批判’，尤其是‘武器的批判’；他诉诸群众，诉诸无产阶级”④。这句话的意思是，马克思成为一个革命民主主义者，是在1843年秋的《德法年鉴》，从此，他以一种批判态度对待“现存的一切”并诉诸群众和无产阶级；经过《神圣家族》，马克思提出了作为新世界观的历史唯物主义。可见，“诉诸”对于新世界观的形成，有着决定性的作用。

因此，“诉诸”这一概念就需要我们仔细地研究探讨了。日常使用的诉诸，多指按某种方式办理（resort to），如诉诸宗教，意指靠信仰诉求某件事情的解决；诉诸法律，意指向法律诉求事情的解决；诉诸武力，意指通过使用武力解决问题。根据这种对诉诸的理解，诉诸群众和无产阶级就是指向群众和无产阶级诉

---

① 《马克思恩格斯全集》第21卷，人民出版社1965年，第412页。

② 《马克思恩格斯全集》第39卷，人民出版社1974年，第24页。

③ ［美］戴维·麦克莱伦：《卡尔·马克思传》，王珍译，中国人民大学出版社2005年，第2页。

④ 《列宁选集》第2卷，人民出版社1995年，第415页。

求问题解决的方案和方式。那么，马克思为什么要诉诸群众和无产阶级？在诉诸群众和无产阶级之前马克思诉诸的是什么？这种诉诸的作用及当代启示是什么？由此，我们的问题就产生了。

2. 马克思在传统形而上学思路上的“苦恼的疑问”

马克思少年时就表示追求“为人类利益而牺牲生命”①的人生价值，树立了为人类劳动的远大理想，认为“我们的幸福将属于千百万人”②。早期，他在实现自己的理想的过程中，“完全相信理性的力量”③，是沿着传统形而上学的思路走的。

传统形而上学的思路，肇始于柏拉图。“一部西方哲学史就是柏拉图的注释”④，这种思路具有两个特点，那就是把世界二重化和把握本质的语言逻辑化。所谓把世界二重化，就是把世界分成感知的世界和超感知的世界，并认为感知世界是变化无常的、不真实的、不可靠的；只有超感知的世界是永恒的、真实的、可靠的。所谓把握本质的语言逻辑化，就是根据西方语言特征，将表征语言简化为“it is”。翻译成汉语，就是“这是”，并进一步逻辑化为“S—P”。对于“是”（也有学者翻译为“有”或“存在”）的探讨并将其逻辑化，就成为传统形而上学的特征之一。两个特征的综合，就构成了传统形而上学的绵延二千多年的思维历程。由于逻辑表述同宇宙结构的同一性，传统形而上学在自己的历程中，通过一个接一个具有里程碑意义的哲学家和哲学著作，力图“解释世界”，反映时代精神的精华。

马克思早期走的就是这一思路。他的博士论文探讨的就是自我意识问题，其依据是黑格尔思想的客观性原则，目的在于发挥人的能动性，批判作为国家意识的宗教。因为传统形而上学的思路是对世界本体进行逻辑构建并通过这种构建揭示世界的规律，这一思路到了黑格尔那里达到了顶峰。按黑格尔的“实体即主

① ［美］戴维·麦克莱伦：《卡尔·马克思传》，王珍译，中国人民大学出版社 2005 年，第 9 页。

② 《马克思恩格斯全集》第 40 卷，人民出版社 1982 年，第 7 页。

③ ［美］戴维·麦克莱伦：《卡尔·马克思传》，王珍译，中国人民大学出版社 2005 年，第 5 页。

④ 黄颂杰：《西方哲学名著提要》江西人民出版社 2002 年，第 20 页。

体”的思想，绝对观念是世界本体的秘密诞生地和归宿。绝对观念在发展过程中，从感性确定性发展到自我意识，最后回到绝对观念。搞清了绝对观念，世界的本体也就把握了。用我们今天的话来说，即把握了世界的规律。因为，“我们以为构成我们表象内容的那些对象首先存在，然后我们主观的活动方随之而起”，“这种想法是颠倒了的。反之，宁可说概念才是真正在先的，事物之所以是事物，全凭内在于事物并显示它自身于事物内的概念活动”，① 这就是思想的客观性。这种客观性是指“思想所把握的事物自身”②。作为自我意识的历史发展的哲学是伊壁鸠鲁等信奉的哲学。作为自我意识体现的、根据语言逻辑化的思路，只要把自我意识搞清楚了，世界的本质规律就显现出来了。马克思的博士论文对自我意识作了系统的探讨。博士论文之后，马克思继续前进，从概念去探讨宗教，从法和国家的概念去探讨国家的现实。结果令他失望。他遇到的是使他“苦恼的问题”。

二、“苦恼的问题”及其解决的历程

马克思“苦恼的问题”中最关键的是国家问题。③ 而国家问题的解决涉及人的解放问题，人的解放问题又与人的本质有关，而人的本质问题的解决又不能不涉及劳动或实践。通过对劳动或实践的深入探讨，马克思一方面揭示了唯心主义的秘密，另一方面找到了作为自己哲学的立足点，新的世界观就由此诞生了。

按照概念决定现实的思路，国家应该保障而不是阻碍言论出版自由。可是现实却恰恰相反。当时普鲁士的书报检查制度限制了出版自由。按照概念决定现实的思路，作为理性存在方式的国家和法，代表的应该是大多数人的普遍利益，一视同仁地对待所有的公民，使受压迫的贫苦群众得到保护。可是现实却正好相反。当时的林木盗窃法的辩论过程和结果清楚表明，“利益占了法的上风”④，普

① ［德］黑格尔：《小逻辑》，贺麟译，商务印书馆 1980 年，第 334 页。

② ［德］黑格尔：《小逻辑》，贺麟译，商务印书馆 1980 年，第 120 页。

③ 陈先达：《马克思早期思想研究》，中国人民大学出版社 2006 年，第 73 页。

④ 《马克思恩格斯全集》第 1 卷，人民出版社 1956 年，第 179 页。

鲁士国家和法只为林木占有者说话，实际已经“沦为林木占有者的工具”。他不仅感觉到了黑格尔哲学与现实的矛盾，同时也感觉到了有一种客观的关系像呼吸一样左右着人们。这个“苦恼的问题”都与国家有关。因此，马克思辞去《莱茵报》主编后，就着手探讨国家问题，揭开市民社会与国家的关系。马克思将黑格尔的观点颠倒过来，得出了是市民社会决定国家而不是国家决定市民社会的结论。也就是在此前后，费尔巴哈的《哲学改造的临时纲要》和《未来哲学原理》的出版给了马克思以启发。他开始从唯物主义的人本学立场来探讨人和人的解放问题。他认为，这一问题的解决，不能靠教条主义式地推断和发现什么万灵药方，而是“要对现存的一切进行无情的批判”，要“在批判旧世界中发现新世界”。[①] 顺着这一思路，在区分政治解放和人类解放的基础上，主张“人类解放”的他得出了要触及大厦的基础、废除私有制本身的结论，为此，要“形成一个被彻底的锁链束缚着的阶级，即形成一个非市民社会阶级的市民社会阶级，一个表明一切等级解体的等级”[②]。马克思继续向前探索，目的在于揭示为什么无产阶级有这样的历史地位和历史使命。在分析资产阶级政治经济学、黑格尔哲学和空想社会主义学说的过程中，一些“新世界观”的重要思想阐发出来了。特别是把异化问题和政治经济学的研究结合起来，揭示了资本主义社会的自我异化，论证了共产主义条件下异化的克服，并由此引申出资本主义制度必然灭亡和共产主义必然胜利的结论。

前进路上无归路。当马克思的思辨哲学将一般概念实体化的秘密，以“果实”与苹果、梨、草莓、扁桃的关系为例[③]，形象地揭示出来后，一个“接近”生产关系的概念，也就是只有在物质生产中才能理解人与人的关系、才能理解历史的历史唯物主义思想产生了。[④] 即“实物是为人的存在，是人的实物的存在，同时也是人为他人的定在，是他对他人的关系，是人对人的社会关系”[⑤]。在“接近”之后新世界观的“天才萌芽”的第一个文件诞生了。在这个文件中，从根本

① 《马克思恩格斯全集》第 1 卷，人民出版社 1956 年，第 416 页。

② 《马克思恩格斯全集》第 1 卷，人民出版社 1956 年，第 466 页。

③ 《马克思恩格斯全集》第 2 卷，人民出版社 2005 年，第 72 页。

④ 《列宁全集》第 18 卷，人民出版社 1992 年，第 13 页。

⑤ 《马克思恩格斯全集》第 2 卷，人民出版社 1957 年，第 52 页。

上批判了费尔巴哈和一切旧唯物主义的局限性，第一次把社会实践引入哲学。从此，一个把人的本质看作是“在其现实性上是一切社会关系的总和”，把“社会生活在本质上”看作实践的、立足于“社会化了的人类”，主张“问题在于改变世界”的新世界观诞生了。此后，马克思和恩格斯“着手在各个极为不同的方面详细制定这种新观点了”①。这些详细制定的文献，包括没能出版、被“老鼠的牙齿批判”的《德意志意识形态》，被列宁称为马克思主义第一批成熟著作的《哲学的贫困》和作为马克思新世界观正式问世的《共产党宣言》。新世界观正式问世后，就与无产阶级的解放事业紧密联系在一起。作为一个革命家和科学家，马克思为无产阶级的解放事业奉献了自己的一生，在他逝世时，“整个欧洲和美洲，从西伯利亚矿井到加利福尼亚，千百万革命战友无不对他表示尊敬、爱戴和悼念”②。

三、“诉诸”的作用及其当代启示

1.“诉诸”的作用

黑格尔曾说，任何一个哲学家都不能脱离自己的时代，如同身体不能脱离皮囊一样。马克思不仅没有脱离他的时代，而且站在了时代的高度并引领时代。这就是我们讲授马克思主义时必须讲的历史背景和“三个来源”。通常的做法就到此为止了，至于为什么说处于同一时代的人没有像马克思那样提出“新世界观”的问题，就没有具体回答了。当然，对这个问题，以往的研究并不是一点也没有触及，但一般只涉及马克思个人投入无产阶级革命的实践活动和勤奋刻苦进行的科学研究；至于在投入革命实践和科学研究中“诉诸”的问题，基本没有触及。

应该说，任何一个哲学家和他的思想，一定是某种“诉诸”的产物。古代希腊罗马的哲学家“诉诸”的是以研究种子和胚胎的常识科学，以及当时处于革命阶段的奴隶主阶级；近代哲学家“诉诸”的是以搜索材料为主要任务，是以牛

① 《马克思恩格斯选集》第4卷，人民出版社1995年，第196页。

② 《马克思恩格斯选集》第3卷，人民出版社1995年，第777—778页。

顿为代表的力学机械论和创造出比人类历史的生产力总和还要多还要大的资产阶级。马克思的“诉诸”是什么？列宁说得很清楚，“诉诸”群众，“诉诸”无产阶级。那么，我们要问，这种“诉诸”起到了什么作用呢？

在前面的论述中，我们已经看到，马克思开始“诉诸”的是自我意识，认为自我意识是世界发展的决定力量。这是黑格尔的唯心主义哲学的立场。而能够发挥思辨中的自我意识的人，只能是资产阶级。这是民主主义的政治立场。只是由于在“苦恼的问题”的出现以及解决这一“苦恼的问题”的过程中，马克思的“诉诸”观才发生了改变。在这种改变了的“诉诸”观的视野下，马克思探索到并创立了“新世界观”。

首先，“诉诸”的前提使马克思的人生价值目标找到了“立脚点”。“诉诸”群众和无产阶级必须要有一个前提，那就是决心把自己的一生献身于群众和无产阶级的解放事业。这一点，在马克思那里是具备的。在少年时期，马克思就将自己的人生价值目标定位于为千百万人的幸福服务之上。正是这样高尚的人生价值目标，才使得马克思在艰难中探索，设想“革命的可能性存在于‘思想者’和‘受苦者’的联合之中”①。这种可能性，终于在将“社会化的人类”作为“立脚点”而形成的“新唯物主义”中变成了现实。从此，马克思再也没有动摇和退缩，以敢入地狱的勇气，不怕贫困和疾病的困扰与折磨，为了自己“诉诸”的群众和无产阶级的解放，也为了自己人生价值目标，不懈奋斗了一生。

其次，“诉诸”的方向使马克思找到了建立实践观点的抓手。马克思的“诉诸”方向——开始同青年黑格尔派的成员一样，指向的是黑格尔的自我意识。但他并不像青年黑格尔派其他成员那样脱离实际；相反，“转而向现实本身去寻求思想”②，“面向工人阶级”③。之所以马克思面向工人阶级，是因为马克思当时面对的实际情况是，资本主义尽管在德国还是要发展，但在欧洲的矛盾已经暴露。事实告诉马克思，社会历史并不是像黑格尔所说的那样，绝对观念在普鲁士国家那里得到完美的实现。恰恰相反，无产阶级生活在艰难困苦之中，“人的完全丧

① ［美］戴维·麦克莱伦：《卡尔·马克思传》，王珍译，中国人民大学出版社 2005 年，第 61 页。

② 《马克思恩格斯全集》第 40 卷，人民出版社 1982 年，第 15 页。

③ 《马克思恩格斯选集》第 4 卷，人民出版社 1995 年，第 258 页。

失”①。改变不完美的现实不能寄希望于处于统治地位的阶级；而是相反，是这个社会中处于被统治地位的受苦受难的人们。因为“诉诸”位于统治地位的资产阶级，那就意味着社会的一切现状照旧。唯有“诉诸”“被彻底的锁链束缚着”②的无产阶级，社会才能进步，人类才能解放。既然“诉诸”无产阶级，那就要从这些人们“改变世界”的角度确定对世界的看法。实践观点就以此为抓手确立了。在实践观点之上，“新世界观”应运而生。

第三，“诉诸”的过程使马克思保持了彻底的科学精神，让西方形而上学的真理情怀产生了真实的果实。自从马克思发现“新世界观”之后，就同无产阶级的解放事业紧密地结合起来了。“科学越是毫无顾忌和大公无私，它就越符合工人的利益和愿望。”③为此，必须保持彻底的科学精神。马克思在“诉诸”过程中，总是坚持在实践中得出自己的理论观点，并在实践中检验并修正和完善这些理论观点。在《资本论》第一卷出版之后，马克思有意拖延第二卷的写作。之所以有意拖延，是因为条件不成熟。这些条件中，除疾病困扰之外有两个：一是英国目前的工业危机还没有达到顶峰，二是从俄国和美国等地得到的大批资料还没有进行研究。④正是这样的科学精神，马克思对自己的理论观点总是在实践中检验、完善和发展。1872年的德文版《共产党宣言》出版时，马克思在序言中对其中许多具体的论述采取了与时俱进的态度，指出：“第二章末尾提出的那些革命措施根本没有特别意义”⑤；根据巴黎公社的经验，提出了“工人阶级不能简单地掌握现成的国家机器，并运用它来达到自己的目的”⑥的著名论断。所以，马克思总着眼于实践，尤其是科学实验，认为科学是一种在历史上起推动作用的革命的力量。直至临终，他还“密切注视马赛尔、德普勒的发现”⑦。

在这种以实践为基础的科学精神下，马克思让西方形而上学的“真理情怀”

① 《马克思恩格斯选集》第1卷，人民出版社1995年，第15页。
② 《马克思恩格斯全集》第1卷，人民出版社1956年，第466页。
③ 《马克思恩格斯选集》第4卷，人民出版社1995年，第258页。
④ 顾锦屏等：《马克思的伟大一生》，北京出版社1983年，第129页。
⑤ 《马克思恩格斯选集》第1卷，人民出版社1995年，第248—249页。
⑥ 《马克思恩格斯选集》第1卷，人民出版社1995年，第249页。
⑦ 《马克思恩格斯选集》第3卷，人民出版社1995年，第777页。

结出了真实的果实。西方形而上学的特征之一，就是对普遍绝对知识追求的情怀。从柏拉图经笛卡尔到黑格尔，形成了一个个超感性的思辨王国。在这个王国里，是一个个由纯粹逻辑概念、范畴构建起来的严密的体系。由于他们认为自己的体系所表述的内容是绝对普遍的规律，所以，在对自己学派的中心问题不断转换中，许多哲学家自信自己的哲学是对绝对真理的完全正确的认识。[①] 这是人类精神家园里的美丽花朵。然而，其中的“哲学唯心主义”只是“一朵无实花”[②]，马克思也是顺着这个思路往前走的。只是他以实践为基础，使得形而上学追求真理的情怀在达到顶峰的黑格尔体系之后，“真正结出”了按现实世界本身及其联系中理解世界的唯物主义的果实。[③]

第四，“诉诸”的态度使马克思在“剥夺者被剥夺”的信念中为无产阶级的解放事业奋斗了一生。马克思的“诉诸”是坚定不移的，在反动政府的迫害中没有表现出丝毫的惧怕和动摇。“各国政府——无论专制政府或共和政府，都驱逐他；资产者——无论保守派或极端民主派，都竞相诽谤他，诅咒他。他对这一切毫不在意，把它们当作蛛丝一样轻轻拂去，只是在万不得已时才给以回敬。”[④] 同时，马克思在同各种错误思想斗争中有着坚定的原则立场，在斗争中表现出勇敢的革命精神。

第五，“诉诸”的智慧使马克思在奋斗中保持坚定的原则和灵活的策略。1845年1月中旬，法国政府表示，只要马克思保证不再从事反普鲁士的宣传就可以留在法国。马克思拒绝了这一要求。这种坚定的原则立场贯穿了马克思的一生。这是“诉诸”的智慧使然。如果没有了原则，就脱离了群众和无产阶级的利益而陷入机会主义。但同时，他又具有灵活的策略。他反对必要的时候拒绝参加议会政治的主张，认为这是积累工人力量和教育、争取群众的好机会。他坚信资本主义丧钟在其自身规律的作用下会被敲响，但在革命处于低潮时反对采取冒险行动；他坚信共产主义一定会实现，但在共产主义到来之前，应该承认有一个过渡阶

① 程家明：《西方形而上学视域内在马克思哲学》，《现代哲学》2009年第3期。

② 《列宁选集》第2卷，人民出版社1995年，第560页。

③ 《马克思恩格斯选集》第4卷，人民出版社1995年，第242页。

④ 《马克思恩格斯选集》第3卷，人民出版社1995年，第777页。

段。他对俄国有可能跨过资本主义“卡夫丁峡谷”的设想闪烁出智慧的光芒。他从不做不切实际的幻想。1848 年欧洲革命之后，马克思有长达十多年以靠撰文挣稿费为生的艰难生活，在从事理论研究的同时，教育工人、积蓄力量，为革命高潮的到来做准备。坚定的原则和灵活的策略，使马克思在“诉诸”中表现出人类最高超的智慧。

2. 当代启示

马克思的“诉诸”使得“新世界观”形成，也使得马克思成为马克思主义者的马克思。这给予我们在新的世纪有以下几点启示：

一是没有全心全意为人民服务的人生价值目标，与马克思主义者无缘。马克思主义者所从事的事业是为消灭剥削、消除压迫，在解放全人类的基础上解放无产阶级的事业。为此，必须要有全心全意而不是半心半意为人民服务的人生价值目标。唯有这样的人生价值目标，才能把自己一生交给壮丽的共产主义事业，才能不被各种诱惑所迷倒。至于个人合理的利益和荣誉，都会“待到山花烂漫时，她在丛中笑”；会像马克思那样，在自己为之奋斗的事业丰碑上刻上自己的名字。

二是没有坚定的实践立场和与时俱进的发展眼光，与马克思主义者无缘。全心全意为人民服务不仅要有一种道德情感，同时要有科学的立场和精神，以“人民拥护不拥护”“人民赞成不赞成”“人民满意不满意”作为各项工作的根本标准。同时，要在实践的发展过程中，不断地反映新的实践要求，与时代保持一致。

三是没有追求真理的精神，与马克思主义者无缘。马克思主义者意味着把自己的一切交给真理。“在这里，对职位、牟利，对上司的恩典，没有任何考虑。”①

四是没有坚定的共产主义信念，与马克思主义者无缘。共产主义一定要实现的信念，是马克思主义者的精神支柱。这一精神支柱的坍塌，就意味着马克思主义的整个立场的丧失。所以，新世纪马克思主义者的又一个必要条件就是要有

① 《马克思恩格斯选集》第 4 卷，人民出版社 1995 年，第 258 页。

坚定的共产主义信念，这在历史与现实中一再被证实。许多真正的共产党人能经受住各种考验，根本原因就是共产主义信念坚定；而一些共产党员走到人民的反面，也是因为共产主义信念的动摇和丧失。

五是没有原则的坚定性和策略的灵活性，与马克思主义者无缘。无产阶级解放事业的实现要经过千难万险，没有坚定的原则，就会走向机会主义；而没有灵活的策略就会死板僵化，或者犯冒险主义的错误。因此，要想成为马克思主义者，就必须坚定地遵循社会发展规律，为共产主义目标的实现不动摇、不退缩，勇敢坚定地前进；但同时要机动灵活，为目标的实现积累力量，扎扎实实地向前走。

【执行编辑：杨　丽】

驳自然意义

戴益斌　彭娅婷*

【摘　要】自然意义是格赖斯意义理论中的一个核心概念。格赖斯通过利用事实性标准、非自愿性标准和不可引用性标准区分自然意义和非自然意义，这一做法是不成立的。事实性标准过于模糊，无法在经验领域中使用；非自愿性标准不能成立，因为所有的意义问题都与说话者或听者的意图相关；不可引用性标准也存在问题，说话者可以为自然语言中的所有句子或语词加引号。自然意义并不存在。

【关键词】格赖斯；自然意义；事实；意图；引号

自然意义与非自然意义的区分来自格赖斯（P. Grice）。格赖斯认为，自然意义是某种东西自然地意谓着某种东西，非自然意义是某行动者非自然地用某种东西意谓着某种东西。其中，前者注重的是因果关系，后者突破了因果关系。格赖斯的这一区分在学界引起了很大反响。如果这种区分成立，那么语言交流中的意义只能是非自然意义，格赖斯本人的意义理论和会话理论也只能处理非自然意义。笔者试图挑战这一区分，主张自然意义并不存在。如果这一结论可行，那么这将表明，格赖斯的意义理论和会话理论将适用于所有的句子意义。

* 戴益斌，上海大学哲学系副教授，主要研究方向为语言哲学、科技哲学；彭娅婷，上海大学文学院硕士研究生，主要研究方向为语言学、语言哲学。

一、自然意义与非自然意义

格赖斯在他的奠基性论文《意义》中，通过举例区分了自然意义与非自然意义。他列举了四个不同的句子，分别是：

（1）这些斑点意谓着（means）麻疹；

（2）最近的预算意谓着我们将度过艰难的一年；

（3）那三声铃声意谓着公共汽车已经满载了；

（4）那句话“史密斯没有麻烦和冲突就活不下去”，意谓着史密斯觉得他的妻子不可或缺。

在这四个句子中，格赖斯认为，前两个句子表达的是自然意义，后两个句子表达的是非自然意义。为了说明这一点，格赖斯分别为区分自然意义和非自然意义给出了五条判断标准：

（1）是否能够从“x 意谓着 p”中推导出 p；

（2）能否从“x 意谓着 p”中得出“x 意谓着什么”；

（3）能否从“x 意谓着 p”中得出这样的推论，即某人通过某物意谓着某事；

（4）跟在动词“意谓着”后面的表达能否加引号；

（5）“x 意谓着 p”是否可以重新表述为“事实上 x 意谓着 p”。①

根据格赖斯的判断，在这五条标准中，如果“意谓着”在句子的使用中，肯定第一条和第五条标准，否定第二、第三、第四条标准，那么它表达的是自然意义；相反，如果否定第一条和第五条标准而肯定第二、第三、第四条标准，那么它表达的是非自然意义。为了更清楚地阐明格赖斯的区分，我们有必要对这五个标准作进一步的说明。

第一个标准和第五个标准与事实相关。格赖斯后来将它们称之为“事实性”标准。② 也就是说，如果 x 在事实上蕴含了 p，或者我们可以说“事实上，x 意谓

① 参见 Paul Grice, “Meaning,” *Studies in the Way of Words*, Foreign Language Teaching and Research Press, 2002, pp. 213-214。

② 参见 Paul Grice, “Meaning Revisited,” *Studies in the Way of Words*, Foreign Language Teaching and Research Press, 2002, p. 291。

着 p”，那么我们可以认为，它表述的是自然意义。他身上的那些斑点，在事实上表明他得了麻疹。与之不同的是，三声铃声并不能在事实上说明公共汽车已经满载了，因为有可能是驾驶员的错误操作导致了那三声铃声，也有可能是汽车本身的故障导致了三声铃声。换句话说，非自然意义的表述与它的推论之间并没有任何事实性的关系。

第三个标准与说话者的意图相关。对于自然意义而言，说话者不能用它来表达其他的可能性。比如“斑点”，格赖斯认为，它只能意谓着麻疹。与之不同的是，对于“那三声铃声”而言，我们可以用它意指很多内容。除“公共汽车已经满载”之外，它所表达的内容还存在许多其他的可能性，比如公共汽车已到站。格赖斯认为，要想理解“那三声铃声”，我们需要求助于对说话者使用意图的理解。因此，它属于非自然意义。也就是说，如果我们在理解符号的使用时不需要考虑说话者的意图，那么它属于自然意义；如果需要考虑说话者的意图，那么它属于非自然意义。格赖斯进一步用照片和图片的例子说明了这一点。不考虑现代 PS 技术的使用，格赖斯认为，如果 S 向 X 先生展示一张照片，照片显示 Y 先生和 X 女士的关系不一般，在这种情况下，这张照片只表达自然意义。因为在此过程中，S 的意图不起任何作用，只要这张照片出现，它必定会意谓着某些内容。但是，如果 S 向 X 先生展示的不是一张照片，而是 S 画的一幅图片，那么这幅图片所传达的内容必定涉及 S 的意图，对它的理解也必定与 S 的意图相关。在这种情况下，这张图片表达的是非自然意义。学界通常将格赖斯的这一标准称为“非自愿性”标准，因为它表明自然意义与意图无关。[①] 有学者认为，格赖斯的第二个标准其实表达的也是这层意思。[②] 我们似乎可以这样来理解：关于自然意义，我们不能从“x 意谓着 p”中得出任何结论，因为 x 除了意谓着 p 之外，没有表达其他意义的可能性；至于非自然意义，由于它还有表达其他意义的可能性，因而我们可以从中推测出某些不同的结论。

---

① 参见 Anne Reboul, “Does the Gricean Distinction between Natural and Non-Natural Meaning Exhaustively Account for All Instances of Communication?” *Pragmatics and Cognition, 2007*, Vol. 15, No. 2, pp. 253-276。

② 参见 Steffen Borge, “Horwich on Natural and Non-Natural Meaning,” *Acta Analytica*, 2014, Vol. 29, No. 2, pp. 229-253。

第四个标准与引号的使用方法相关。格赖斯认为，对于自然意义而言，比如句子“这些斑点意谓着麻疹”不能改写为“这些斑点意谓着‘麻疹’”，因为斑点除了意谓着麻疹而言，没有其他可能性；但对于非自然意义而言，则存在这种可能性，即“那三声铃声意谓着‘公共汽车已经满载了’”。因为有可能有人用“那三声铃声”意指“公共汽车已经满载”，但事实上，该公共汽车并没有满载。这个标准，后来有学者称之为“可引用性标准”。① 由于自然意义并不满足这一标准，我们将其看作是判断自然意义的“不可引用性标准”。

通过以上讨论，我们可以将格赖斯的观点概括如下：自然意义是事实性的，是非自愿的，它所意谓的内容不能加引号；非自然意义不是事实性的，是自愿的，它所意谓的内容可以加引号。格赖斯的这种区分在学界引起了广泛的讨论。在语言学领域之中，同意这种区分的学者似乎占多数；在哲学领域内，反对者的观点似乎更甚。站在哲学的立场，我认为格赖斯的这种区分存在一些问题。其中的关键在于，他对自然意义的理解很可能是站不住脚的。我将首先讨论事实性标准和非自愿性标准，最后讨论不可引用性标准。这样做的原因在于，不可引用性标准与非自愿性标准相关，澄清非自愿性这一标准会方便我们讨论不可引用性标准。

二、事实性标准

根据格赖斯的观点，事实性标准是判断自然意义的重要标准。它蕴含了一个逻辑推理，我们可以将其表述如下：

（1）前提 1：如果 x 意谓着 p；

（2）前提 2：x；

（3）结论：p。

严格来说，这个推理本身没有任何问题。问题在于，它并不能保证结论为真。一个假的前提根据推理规则有可能会得出一个假的结论。因此，真正需要关注的是，如何能够保证前提 1 的正确性，即如何能够确定事实上 x 意谓着 p。虽

① 参见 Arda Denkel, “Natural Meaning,” *Australasian Journal of Philosophy*, 1992, Vol. 70, No. 3, pp. 296-306。

然格赖斯本人并没有对这个问题进行深入的讨论，但事实上这一问题值得重视。

首先，“事实上 x 是否意谓着 p”不是自明的，或者至少没有想象中的那么显而易见。在格赖斯给的例子中，我们可以非常明显地看出这种困惑。比如说，“黑云意谓着下雨”，格赖斯认为在这个句子中，黑云表达的是自然意义。① 但真实情况可能并非如此。就像沃顿（Tim Wharton）在他的论文《自然语用学和自然代码》的脚注 5 中指出的那样：“虽然黑云当然预示着下雨的可能性很大，但它们确实不会必然蕴含下雨。例如，有可能不会下雨，或者那些乌云实际上意味着炼油厂（或其他什么东西）发生了爆炸。”② 也就是说，“黑云意谓着下雨”这个句子并不为真，它并非一个事实。因此，认为“黑云”在这个句子中表达的是自然意义也就站不住脚。格赖斯列举的其他例子，比如“这些斑点意谓着麻疹”也会遇到相同的问题。

其次，“事实上 x 是否意谓着 p”对于我们而言非常重要，因为它是判断自然意义的标准之一。虽然格赖斯的研究重点是非自然意义，但如果无法确定事实性标准的合理性，那么我们将无法确定哪些是自然意义，哪些是非自然意义。在这种情况下，即便可以接受格赖斯对非自然意义的解释，我们也无法知晓他的这种解释能够应用于哪些句子。

由于格赖斯并没有详细说明什么是事实，没有讨论“事实上 x 是否意谓着 p”，我们只能从他给出的例子中判断他对事实性标准的理解。在他看来，如果某人有斑点，那么这就意谓着他有麻疹；如果我们的预算很少，那么这意谓着我们将度过艰难的一年；如果天上有乌云，那么这意谓着天会下雨。从这些案例中，我们似乎可以看出，格赖斯所强调的事实存在一种蕴含关系，但这种关系到底是何种关系并不是特别清楚。格赖斯可以从哲学的相关论述中找到一些资源用以说明他所说的这种事实性关系，比如等值关系、因果关系、共现关系等，但问题在于，这些关系似乎都不适用于格赖斯对事实性关系的解释。我们可以将格赖斯能

---

① 参见 Paul Grice, “Meaning Revisited,” *Studies in the Way of Words*, Foreign Language Teaching and Research Press, 2001, p.291。

② Tim Wharton, “Natural Pragmatics and Natural Codes,” *Mind and Language*, 2003, Vol.18, No.5, p.450.

够利用到的关系区分为两类：（1）认为 x 与 p 之间的关系具有唯一性；（2）认为 x 与 p 之间的关系不具有唯一性。由于这两类关系之间是相互排斥的，因而不存在其他可能性。

我们首先考察第一种可能性。如果格赖斯认为，在这种事实性关系之中，存在某种唯一性，那么这就意谓着斑点与麻疹之间、预算与生活前景之间、乌云与下雨之间存在唯一性。但这种假设似乎并不成立。登克尔（Arda Denkel）给出了四点理由。①

首先，这种唯一性的假设关系太强了，以致事实性关系的失败成为逻辑上不可能的事件。但这与我们对事实的认识并不相符。因为事实上的关系并不等同逻辑上的关系。同时，主张事实之间的唯一性，会导致非自然意义陈述的失败，因为没有任何东西将会是非自然的。

其次，“事实上 x 意谓着 p”这样的句子表达的是类（type），它最终是以符号（token）的形式出现的。不同的场景下，符号可能会有所不同。如果假设事实关系中存在唯一性，那么可能会导致这样的疑问，即在符号的层面上，“x 是否意谓着 p”。这也就是说，句子在类上的同一性，并不能保证它在符号层次上的同一性。因为同一句子在不同的场景下可能有不同的用法。很明显，这一结果与格赖斯对自然意义的认识不符。因为格赖斯在讨论自然意义时，主张自然意义是无时间性的。

再次，假设唯一性会在认识上导致障碍，我们对事实的认识在大多数情况下都不假设它们之间具有唯一性。假设唯一性，将会使得大多数关于自然意义的知识不被我们所认知。

最后，假设唯一性将会使得我们无法使用格赖斯所给出的大多数表达自然意义的例子，因为它们在事实层面上并不具有唯一性。但问题是，在日常生活中，使用这样的表述是被认可的。我们通常会认为，乌云意谓着下雨，即便这种关系之间没有必然性。

登克尔的这四点理由，唯一存在瑕疵的是第一个理由的后半部分，即认为假

① 参见 Arda Denkel, “Natural Meaning,” *Australasian Journal of Philosophy*, 1992, Vol. 70, No. 3, pp. 301-302。

设唯一性会导致非自然意义陈述的失败。在笔者看来，情况可能并非如此，因为只要格赖斯能够严格限定两种类型的表达，即自然意义的表达和非自然意义的表达，那么限定自然意义具有唯一性，并不会导致非自然意义表达的失败。因为格赖斯可以保证非自然意义与自然意义的表达之间并无关联。除此之外，登克尔其他的反驳都非常有力。也就是说，为了保证“x 意谓着 p”的正确性而假设 x 与 p 之间存在某种唯一性，这种做法很可能得不偿失。因为它会使得这样的事实关系面临众多难以克服的难题。事实关系本是一种偶然性的关系。x 和 p 之间不具有必然性，x 并不必然意谓着 p。假设 x 与 p 之间存在唯一性会改变事实的关系属性，从而违背我们对事实的认知。

另一方面，如果格赖斯认为，在事实性关系之中不存在唯一性，认为 x 和 p 之间不具有必然联系，那么这就意谓着 x 不必然意谓着 p。也就是说，存在斑点，不意谓着他一定有麻疹；预算很少，也不一定意谓着我们将度过艰难的一年；天上有乌云，也不意谓着一定会下雨。虽然这符合我们对事实关系的理解，但这似乎不符合格赖斯对自然意义的理解。因为根据格赖斯的阐述，只有当“x 意谓着 p”时，我们才能说 x 的自然意义是 p。如果存在“x 不意谓 p”的可能性，给出 x，我们无论如何也无法得出 x 的自然意义是 p 这样的结论。

由于格赖斯所能利用的关系只有以上两种类型，因此，当我们否定这两种类型的关系之后，格赖斯实际上没有其他办法用以解释他所说的事实性关系。这表明，格赖斯所说的事实性标准实际上是一个非常模糊的标准，我们无法知晓如何在经验领域之中使用这样的标准判断哪些语词或句子表达的是自然意义。

三、非自愿性标准

格赖斯判断自然意义的非自愿性标准指的是，如果一种表述与说话者的意图无关，没有预设任何心灵或心智状态，那么这种表述表达的是自然意义。从格赖斯给出的几个例子中，我们似乎确实可以看到这一点。斑点、预算、照片等，这些事物都是非自愿性的，不会涉及说话者的意图。从直觉上看，它们所表达的似乎就是自然意义。然而，得出这一结论可能需要更谨慎一些。

根据弗雷格在符号、符号的含义和符号的指称之间所做的区分，我们可以推知，斑点、预算、照片这类事物，分别是“斑点”“预算”“照片”这些语词表达或指称的东西。二者之间有着层次上的差别。前者归属于本体论领域，后者归属于语言领域。因此，当格赖斯说“这些斑点意谓着麻疹”时，他实际上是从语言角度指出本体论领域中的斑点意谓着麻疹。这可能会引发以下几个问题：（1）在本体论领域，是否存在某种东西“意谓着”什么？（2）在何种意义上，我们可以认为某种东西“意谓着”什么？我们首先考察第一个问题。

在本体论领域，假设我们不考虑事实性标准的问题，那么这些斑点应该预示着麻疹。也就是说，如果某人身上有这些斑点，那么这将预示着他患有麻疹；或者换句话说，这些斑点是他患有麻疹的记号。但是这是否意谓着，斑点的自然意义是麻疹呢？在我看来，回答这个问题之前，我们有必要思考当我们在讨论意义问题时，我们所说的“意义”到底是什么意思？

严格来说，意义问题非常复杂，意义概念也非常模糊。虽然自弗雷格以来，这个问题一直是哲学家们关注的焦点问题之一，而且学界并没有就这个问题达成共识，但我们通常认为，意义问题与理解问题直接相关。无论是形式语义学家还是格赖斯主义者，似乎都支持这种看法。甚至有些学者比如达米特（Dummett）认为：“一个意义理论即是一个理解理论，也就是说，意义理论需要解释的是，当一个人知道某一门语言时，即当他知道这门语言的表达式和句子的意义时，他知道的是什么。”① 如果这种观点成立，那么这就意谓着，即便我们无法为“意义”概念给出一个严格的说明，但至少可以清楚的是，对意义的解释无法在不涉及理解问题的前提下进行。因此，在本体论领域，如果没有一个具有理解能力的主体出场，那么谈论某个东西意谓着什么，很可能是没有意义的。我们将这样一个具有理解能力的主体称为“解释者”。他既可以是交流过程中的说话者，也可以是听者。

我们可以想象这样的问题，在没有解释者的情况下，斑点的出现意谓着什么？在没有人关注的角落里，一张照片会意谓着什么？或许有人会说，斑点的出

---

① Michael Dummett, “What is a Theory of Meaning?（I）,” *The Seas of Language*, Clarendon Press, 1993, p. 3.

现预示着麻疹，照片显示着照片所显示的内容；但我们应该不会说，在没有解释者的情况下，斑点的意义是麻疹，照片的意义是显示。也就是说，意义问题只有在解释者出现的情况下才是有可能的；没有解释者，斑点和照片只是在那里，没有所谓意义，也就不可能有所谓的自然意义。这让我们转向了第二个问题，即在何种意义上，我们可以认为某种东西“意谓着”什么。

当我们追问“某种东西意谓着什么”的时候，我们也就是在追问它的意义是什么。从肯定的方面来说，在这一追问过程中，解释者是它的前提条件。目前学界普遍认为，成年人是解释者的典型代表。在解释非自然意义时，格赖斯揭示了成年人至少会涉及四层意图体系。因为根据格赖斯的观点，成年人 U 在对话时，“希望（1）A 产生 r，（2）A 认为 U 意指（1）；（3）A 在实现（2）的基础上实现（1）”①。这一过程可以简化为，说话者希望听者能够认识到他希望听者相信 p 并回复 r，它涉及四层体系。从“希望听者能够认识到他希望听者相信 p 并回复 r”这个表述依次使用了四个与命题态度相关的语词，即希望、认识、希望、相信，我们就可以看出这一点。

另一方面，我们或许还需要进行这样的思考，即是否存在某个解释者，它不具备任何意图体系，但却可以理解某个事物的意义。可以设想这样的场景，如果存在某种事物，它对所有事件的反应都是自动式的、机械式的，比如电梯，它没有任何自愿属性、不能随意控制自己的行为，那么它能否理解意义呢，能否理解行人的上下呢？甚至我们可以考虑人类的膝跳反射现象，它不会涉及任何意图体系，在这种情况下，我们能否说“敲打膝腱的意义是小腿作急速前踢的反应”呢？在我看来，认为这种存在物能理解意义是荒谬的，它们根本不是一个真正的解释者；认为“敲打膝腱的意义是小腿作急速前踢的反应”也是难以理解的，这种条件反射式的应激反应无所谓意义。

综合以上讨论，我们可以回答第二个问题，即只有在解释者在场的情况下，我们才可以认为某种东西“意谓着”什么；并且，这种解释者一般来说应具有某种意图体系。如果这个结论是合理的，那么这将意谓着，格赖斯判断自然意义的

---

① Paul Grice, “Utterer's Meaning and Intentions,” *Studies in The Way of Words*, Foreign Language Teaching and Research Press, 2002, p. 99.

非自愿性标准是有问题的。当我们谈到意义问题、谈到某个东西意谓着什么的时候，无论是自然意义还是非自然意义，它们都与解释者相关，都会与解释者的意图相关。或者说，不存在与解释者意图无关的意义问题。

四、不可引用性标准

格赖斯判断自然意义的不可引用性标准，虽然谈论的是一个句法问题，即在表达自然意义的表述中，“意谓着”一词后面的表述不能加引号，但它实际上与我们对语言的理解相关。在这个意义上，谈论这类问题的解释者大概只能是人类。因为只有人类才能理解语言。

通常情况下，加引号一般是对符号的提及，表达的是符号的语言层面或含义层面；不加引号是对符号的使用，指的是事实层面。比如说，“雪是白的”是真的，且仅当雪是白的。在这个句子中，左边带引号的“雪是白的”，指的是“雪是白的”这个句子；而右边不带引号的句子表达的是一个事实，即雪是白的。从这个角度来看，句子“这些斑点意谓着麻疹”不能改写为“这些斑点意谓着‘麻疹’”。否则的话，这些斑点将意谓的是“麻疹”这个语词或这个语词所表达的含义，而不是事实上的麻疹。

格赖斯对引号的理解似乎有所不同，他并没有从符号的提及与符号的使用这两种用法的区别的角度来理解引号，而是将引号与说话者的意图相关联。从格赖斯在《再论意义》一文中只提到了事实性标准和引用性标准，我们就可以推知这一点。这也是学界普遍认为，格赖斯的引用性标准蕴含着非自愿性标准的原因。博齐（Steffen Borge）为这一点给出了有力的澄清。他指出：“如果引号内的内容并不指涉（或者以某种其他方式依赖于）一个行动者，他对 x 在某种特定的场景下意谓着 p 负责，或者存在一个行动者，他为一般情况下的 x 意谓着 p 负责，或者存在这样一个实践，通过它 x 被用来意谓 p，那么将某些句子、句子短语或语词置于引号之中，没有意义。”[①] 从博齐的这个解释中，仅关注前两点，即行动者

① Steffen Borge, “Horwich on Natural and Non-Natural Meaning,” *Acta Analytica*, 2014, Vol. 29, No. 2, p. 235.

为 x 在某个场景下意谓着 p 负责和行动者为 x 在一般情况下意谓着 p 负责，我们就可以非常明显地看出，是否为某个句子或某个语词加引号与说话者的意图相关。因为当我们谈到某个人为某句话负责时，至少需要满足以下两个条件：（1）这句话是在他有意识的情况下说出的；（2）他说出这句话是自愿的，而不是被迫的。这两个条件都与说话者的意图体系直接相关。如果博齐的解释是合理的，那么这将表明，只要说话者所说出的句子或语词与说话者的意图相关，是自愿性的，那么这个句子或语词就可以加引号。根据我们对自愿性标准的澄清，我们已得出这样的结论，即所有句子或语词的意义都与解释者相关，与解释者的意图相关。这意谓着人类使用的句子或语词都可以加上引号。

事实上，通过考察自然语言中的用词错误现象，我们也可以得出相同的结论。简单地说，用词错误现象指的是，说话者本想表达的是 x，但在使用语词时选择了 y。根据说话者的意图，我们可以将用词错误现象分为有意的和无意的。日常生活中，无意的用词错误现象比较常见，比如口误现象、笔误现象等；有意的用词错误现象则在娱乐时比较流行，比如相声或小品节目中的用词错误。在这两种现象中，有意的用词错误更能说明为什么自然语言中的句子或语词都可以加引号。我们选取相声《满腹经纶》中的一段台词来说明这一现象：

A：您看什么书啊？

B：成语大词典。

A：罢了您。各位别笑话他，成语是中国文化的精髓。

B：对，我小时候就是成语课代表。

A：那是语文课代表，没有学校专门开成语课的。①

在这个例子中，B 故意说自己小时候是“成语课代表”，但他想表达的是“语文课代表”，不但 A 知道他的真实意图，绝大多数观众也都能理解这一点。而 B 之所以故意用词错误，只不过是为了达到娱乐的效果。从这个例子中，我们可以发现，只要在对话中给了足够的线索，那么绝大多数人都可以选用不同的语词甚至错误的语词来表达他的意图，并且这种情况在交流过程中不会引起障

① 引自苗阜和王声表演的相声《满腹经纶》。

碍。因此，在这一过程中，我们为句子或语词加上引号并无不可。就像在这个例子中，我们可以为“成语课代表”加上引号一样。

以上论证表明，通过不可引用性标准判断自然意义是不成立的。在特定的场景下，我们可以为自然语言中所有的句子或语词加上引号。回到最初的案例，在“斑点意谓着麻疹”这样的句子中，为“麻疹”加上引号似乎不太合适，但换一种情况，我们就会非常清楚，我们仍有机会为“意谓着”这一语词的后面内容加上引号。比如在线索充足的情况下，我们可以认为“斑点意谓着‘麻珍’”。

五、进一步的思考

通过以上讨论，我们拒绝了格赖斯用以区分自然意义与非自然意义的三个标准。除非有人能够提出其他的标准，否则自然意义与非自然意义之间的区分很可能无法成立。事实上，我们怀疑有人能够提出这样的标准。

格赖斯通过区分自然意义与非自然意义，试图表明存在某些不受人类意图影响的自然事实，其自然事实对应着自然符号的意义。但这一设想过于理想。因为在某种意义上，只有站在上帝的视角，我们才能断定存在某一自然符号表达某一自然意义。基于对人类认知能力的考量，我们认为，没有足够的证据可以保证事实上 x 意谓着 p，因为我们永远无法排除人类的认知存在出错的可能性。“斑点”和“预算”的案例都会面临这样的问题。

另一方面，通过反思人类对符号的理解，我们也可以获得相同的结论。根据汉森（N. R. Hanson）的观察渗透理论，我们对认知对象的认识，总是与我们的知识背景相关。同样地，人类对符号的理解，无论是自然符号还是语言符号，总是与当事人的个人知识相关。[①] 由于每个人的个人知识有所不同，对符号的理解也会存在差异。在格赖斯的例子中，同一张照片，有的人可能会认为，X 和 Y 的关系不一般，另一些人则可能会认为，X 和 Y 的关系只是比较亲密。从这个角度来看，事实上 x 是否意谓着 p，并不像格赖斯所认为的那样如此确定。因为不同

① 我们在波兰尼的意义上使用“个人知识”一词。参见［英］迈克尔·波兰尼:《个人知识》，徐陶译，上海人民出版社 2017 年。

的个体对 x 的理解可能会有所不同。

基于以上两点考虑，我们认为，自然意义并不存在。因为当我们考虑符号的意义问题时，总是会与认知者的认识能力和理解状态相关。我们无法绝对地构建符号的自然意义，也不可能形成关于某一自然符号的统一理解。人类所认识的所有符号意义都只能是非自然意义。在这个意义上，我们认为，意义理论具有普遍性。

【执行编辑：张艳芬】

中国乡镇企业家精神及其当代价值研究
——以新乡先进群体为例

徐 可 李 莹 杨 军*

【摘 要】乡镇企业家群体在我国改革开放初期发挥了巨大的作用。从“新乡先进群体”现象中不难发现其创业精神的萌生与自然条件的约束有一定的逆向关联。不利的自然条件激发了当地人们与自然的抗争精神，偏远山区也是传统威权管制无暇顾及的末端，反而为创业行为提供了宽松的社会环境。“新乡先进群体”集“泥腿子”“村干部”与企业家于一身，其精神现象具有显著的地域性和阶段性特征，适应了我国改革开放以来企业持续发展不同阶段的需要。乡镇企业发展史与企业家成长史为当代中国企业家精神增添了鲜活内容，理应成为“四史”研究的有机构成。

【关键词】自然条件；新乡先进群体；乡镇企业家；企业家精神

我国乡镇企业家是不同于西方企业家定义的特殊群体，这一群体的诞生也具有特殊的理论意义与时代价值。改革开放初期，在河南北部太行山区诞生了一批“泥腿子”式的创业者，他们在不利的自然条件下激发了摆脱靠天吃饭的创业精神，从村办企业开始起步，不断成长，代际传承，被称为“新乡先进群体”。从他们“农民—村干部—企业家”的身份转换过程中，不难发现豫北传统农区乡镇企业家精神的生成机制。在西方经济学语境下，“企业家精神”的侧重点

* 徐可，经济学博士，商丘师范学院豫鲁苏皖接合区经济社会发展研究中心副教授主要从事经济哲学研究；李莹：中共新乡县党校常务副校长，教授，主要研究方向为党建理论；杨军：开封中华职业教育社副秘书长，主要研究方向为职业技能教育。

在于“管理才能”“组织创新”和“风险识别”等[①]，但这些“技术层面”的要素难以解释中国乡镇企业家群体的深层精神内蕴。换言之，“新乡先进群体”为乡镇企业家精神提供了一个“本土案例”，也为当前的“四史”研究增加了鲜活的案例。

一、“异军突起”的时代标杆：新乡先进群体

我国改革开放初期的一大亮点是乡镇企业的“异军突起”[②]，一批农民企业家在改革开放初期发挥了先行尝试的引领作用，其历史功绩不容忽视。新乡地处牧野大地，中原地区的北部。今天的新乡已经成为新兴的工业城市，并在中原城市群中担任着重要角色，但是在改革开放初期，新乡还是传统的农业耕作区，远离中国的政治经济中心城市。新乡的乡镇企业具有独特的发展轨迹。改革开放初期，在裴寨、恼里、张三寨等地处偏远和交通不便的乡镇，曾经成批出现了早期乡镇企业并形成了一定规模的产业。尽管这些产业几经兴衰，但是，为什么这些产业没有首先在交通、市场和经济条件更好的地方出现？这个问题或许不能从自然禀赋和生产要素的比较优势中得到合理解释。

四十多年来，中原大地发生了巨大的变迁，乡镇企业“异军突起”成为中国农村最具有活力和创造力的能动因素。如同“星星之火，可以燎原”，牧野大地上诞生了数不清的乡镇企业，孟庄、唐庄、七里营早已名闻遐迩。依托这些“根据地”，新乡产生了一大批“致富带头人”，经过示范、模仿、扩散，最终形成规模经济并带动县域发展。目前，新乡涌现出十多个全国先进典型，一百多个省级先进，一千多个市县级先进，统称誉为“新乡先进群体”。史来贺、郑永和、吴金印、刘志华、张荣锁、耿瑞先、裴春亮、范海涛等作为乡镇企业家和基层干部取得了令人瞩目的成就。[③]

---

① 西方经济学家马歇尔、熊彼特、奈特等都将“企业家”视为生产过程中的稀缺要素，为“企业家精神”做出。

② 邓小平同志在1987年称赞乡镇企业发展是农村改革中完全没有预料到的最大收获，是“异军突起”，从此也成为乡镇企业家的精神激励。参见鲁冠球：《续写“异军突起”传奇》，《人民日报》2016年8月11日。

③ 此处及下文中有关他们的具体事例均引自中共新乡县委党校“新乡先进群体”宣教中心档案资料。

先进群体集中诞生在这片土地上绝非偶然，这种现象又该如何解释？我们应该透过社会经济发展历史进程中的现象，探寻更为深层次的个人成长史和精神发展史。从个人履历就不难发现，他们都有着“泥腿子”“企业家”“村干部”的共同经历。这些人物都是出生农村、扎根农村的基层干部，也都有着兴办企业、带头致富的相似事迹。正是由于他们身上所具备的企业家精神的个人魅力，才使得他们作为村干部具有“地方能人”的特质，形成一种由德国社会学家韦伯所定义的“魅力型统治类型”，这也是农村基层“能人经济”背后普遍存在的村级治理模式。①

2017 年 9 月，中共中央与国务院颁布了《关于营造企业家健康成长环境弘扬优秀企业家精神更好发挥企业家作用的意见》，要求全社会弘扬企业家的三种精神，即“爱国敬业遵纪守法艰苦奋斗的精神”“创新发展专注品质追求卓越的精神”“履行责任敢于担当服务社会的精神”。2020 年 7 月 21 日，习近平总书记在企业家座谈会上说：“改革开放以来，一大批有胆识、勇创新的企业家茁壮成长，形成了具有鲜明时代特征、民族特色、世界水准的中国企业家队伍。企业家要带领企业战胜当前的困难，走向更辉煌的未来，就要在爱国、创新、诚信、社会责任和国际视野等方面不断提升自己，努力成为新时代构建新发展格局、建设现代化经济体系、推动高质量发展的生力军。”② 习近平总书记将当代企业家精神归纳为“爱国、创新、诚信、社会责任、国际视野”③ 五个维度，这与时代要求是一脉相承的。

从“三种精神”到“五种精神”体现了时代进步所赋予企业家精神的新内容，但毫无疑问，乡镇企业家精神不仅是中国当代企业家精神的有机组成部分，而且是一种特殊的“乡土原型”，因而带有“元分析”的溯源意义。新乡先进群体是中原乡镇企业家的先进代表，是特殊自然条件、特定社会环境、特别历史阶段的产物。其群体性精神在新乡先进群体代表中有着具体的、典型的体现，值得

---

① “经济能人”的概念较早由卢福营等人提出来，目前村干部大多由“能人”所担任，必然构成一种特殊类型的治理模式，也即德国社会学家韦伯所讨论的基于不同合法性来源的“统治类型”。

② 《习近平著作选读》第二卷，人民出版社 2023 年，第 321 页。

③ 《大力弘扬企业家精神》，求见网，http://www.qstheory.cn/qshy.jx/2020-12/09/c-1126839697.htm?ivk_sa=1024320u。

我们深入研究。

二、资源的集聚：艰苦环境与坚韧品质

恶劣的自然条件能够激发人们坚韧的品质，“自力更生、艰苦奋斗”是艰苦的自然条件与环境下的精神产物，也是乡镇企业家们初办企业的必要主观条件。

英国古典经济学家西尼尔认为资本是“节欲的产物”，然而“节欲”对习惯于“牙缝里省钱”的中国农民来说实在不是什么稀缺要素。新乡先进群体不仅“节欲”“节省”，而且动员全部资源长期专注于一件事业，这种坚韧品质才是在特殊而封闭的环境下个体精神自我发展的产物。正如地中海港口城市诞生了面向海洋的蓝色贸易文明一样，豫北太行山脉也养成了地域性的“创业文化”。从“红旗渠”到郭亮村的“悬崖公路”，豫北人民在自然条件与生产条件的双重长期困缚下，不麻木，有抱负，敢坚持，长期专注于比自己性命还重要的“一件大事”，这种坚韧品质才是锤炼他们乡镇企业家精神的首要因素。这种白手起家的创业精神不仅有助于企业家集中资源，而且作为“领袖”感召着乡里乡亲和周边群众，将信念凝聚成为共识，焕发出更为宏大的集体力量，最终以“人定胜天”的气概摆脱了自然条件的困缚。新乡先进群体代表人物身上处处可见这种的精神力量，例如裴春亮带领周边群众打井灌溉，张荣锁带领党员和民兵在绝壁上开山修路等。随着“农民—企业家—干部”身份的转换与成长，坚韧不拔是他们“集体人格”的特征。

马克思认为“资本家就是资本的人格化”，积累用于生产的资本对乡镇企业来说更为艰辛困苦。这些乡镇企业家以白手起家、百折不挠、艰苦奋斗的精神特征不仅满足了企业内部资本积累的初始条件，而且还赋能家乡一种“集体力量”和“社会力量”，[①]从而完成了“外部性”的水利公路等公共基础设施建设资金的积累。在他们身上，中原农民本色、基层干部作风与乡镇企业家精神“三位一

---

① 马克思在阐述“资本力量”时就使用了“自然力”“集体力”等词汇。本文在这里强调个人资本、企业资本和社会公共资本的区别和不同。

体”得到统一。

三、创业的本能冲动：穷则思变与抗争精神

“坚韧不拔”只是企业家成功的一项必要条件，在事业初期阶段发挥着巨大的能动力量。但是这还不能构成企业家精神的全部，按照经济学的定义，企业家的本质还在于“创新的冲动”。

“创新”一词在今天已被普遍使用，经济学家熊彼特对此解释为“一种新的生产函数，实现了生产要素的重新组合”。① 如果说西尼尔的“资本节欲论”反映了英国工业革命早期资本原始积累的要求，那么熊彼特的“创新”就是西方工业革命完成后技术进步不断打破市场经济常态和惯例的路径依赖，两者转换历经了漫长的一百年。而乡镇企业发展史也是一部浓缩的中国“工业史”，乡镇企业家的精神迭代往往只用一两代人的时间，呈现出“代际传承”的特点。

改革开放初期，新乡先进群体穷则思变，开始倒逼创业。他们开山修路打井，为集体经济和村办企业奠定了初始条件。中原大地是“愚公移山”“精卫填海”“夸父逐日”等古老神话的故乡，其中蕴含着不屈不挠改造自然的“抗争精神”和“倒逼式创新”的主观要素。如果说西方经济理论中企业家的定义侧重在现有的“约束条件”下实现生产要素重新组合的创新，那么新乡先进群体的第一代创业者则是以“抗争精神”改变了生产要素既有的外部的“约束条件”。

改革开放初期，第一代新乡先进群体的重大使命就是面对集体经济何去何从的“分岔路口”做出选择。这一代人早在艰苦环境中形成共识：不能再只在土里刨食，必须走上以商促工、以工富民的路径。例如卫辉市唐庄镇按照吴金印“东抓石头西抓菜，北抓林果南抓粮，乡镇企业挑大梁，沿着国道做文章”的思路，走上了村办企业的发展路径。如果说第一代人在五六十年代通过抗争改变了“自然环境”，那么在改革开放初期则改变的是“制度环境”。

20 世纪 90 年代以来，新一代先进群体的文化程度显著提高，更适应市场经

① 以上均是西方新制度经济学在公司治理语境下的特有话题和术语。

济的规则。然而市场竞争日益加剧，迫使他们在资源红利和成本优势释放殆尽之后，开始“主动换挡”进行“企业创新”。2003 年史来贺去世后，其子史世领当选为刘庄村新一届党委书记，成功走出一条引进技术和设备，通过消化吸收再模仿创新的新路子。“企业创新”面临着“沉没成本”的巨大风险和不确定性，需要乡镇企业家像当初“穷则思变”那样，凭借企业经营长期积累的“危机意识”做出新的路径选择。

可见，“抗争自然—创办企业—企业创新”其实是“穷则思变”和“危机意识”所激发出来的“创造创业创新”的“三创”本能与冲动。当然，随着市场规则的确立和技术条件的成熟，企业面临的“约束条件”也不断突破和改善，乡镇企业在创新过程也必然由“抗争”式的“创业冲动”逐步转向引入职业经理人的“治理理性”和引入新知识产权的“技术理性”，从而在不同阶段呈现不同的精神轨迹；在此只是侧重乡镇企业从无到有的初创时期的原始自然禀赋与初始精神条件而已。

四、资源的高效动员：利他精神与超越意识

乡镇企业最早始于村办企业和集体经济，这种组织方式能够最大限度和最大范围地保障资源动员能力，实现乡镇企业不断突破“产权边界”进行资源配置的高效率。[①] 因此，乡镇企业家的创业过程不仅是个体“经济人”的逐利行为，更是一种自组织的群体性目标行为。随着企业规模扩大、员工增多，企业必须以“利他精神”嵌入地方社会经济系统之中而获得更多的社会资源，以支持其突破边界实现更大规模的发展。从某种意义上来说，创业精神也是一种摆脱自我的现实利益束缚、永不满足的超越意识。

众所周知，我国“小富即安”的“小农意识”，以及围绕自我为中心依据亲疏关系构建的“圈层结构”[②] 限制了财富积累、扩大生产和开拓市场，也抑制了企业所必需的资源动员能力。因此，在特定的文化语境下，乡镇企业家必须具有

① 与之类似，西方经济学的“资源拼凑”理论也与企业创新有较多关联。

② 即费孝通所定义的“差序格局”。

超越“小农意识”的“自我革命”精神才能够成为真正的企业家。尤其是在当前，企业规模越大，社会责任越重，这种“超越意识”的价值也越加凸显。乡镇企业的创业历史同时也是一部浓缩的工业史和精神发展史。富了以后怎么办？这是当前的“时代之问”。新乡先进群体六十年来，摆脱了自然禀赋与环境条件的束缚，突破了生产要素与技术条件的限制，不断“舍弃家财”进行资源动员进而形成“局部富裕”的局面，这体现了他们从“小我”到“大我”的“超越意识”。[①] 这种“超越”使得乡镇企业汲取更多的社会资源以形成“增长极”，进而产生各种“外溢”和“辐射”的“外部性”“公益性”作用，最终形成乡镇企业与地方经济相互促进的良性格局。

这种超越精神有着“自发性义务”的具体呈现，最初表现为“互助义务”。“互助”首先是系统的“自组织”行为，不仅表现为“互相帮忙”，也体现为系统有组织的“内部交易”，[②] 最终还会得到系统组织以“集体福利”所做出的整体性的回报。例如刘志华，1972 年担任河南省新乡县小冀镇东街村第五生产小队队长时，就带领村民开办工厂，在邻里的帮助下不断试错与摸索，创建了河南省京华实业公司。企业的发展也带动了乡邻之间更大规模的互助行为，在 80 年代就因“集体福利”而闻名。[③]

这种超越精神其次表现为“慈善义务”。我们往往把慈善理解为道德行为，其实它也是企业家基于“同情心”的自我实现与自我超越的内在追求。“同情心”是亚当·斯密《道德情操论》的立论基础，“同情心”与“经济人”之间的冲突被西方经济学认为是“斯密悖论”。但是如果我们把企业家精神理解为对“自我利益”不断超越，就能够得到合理解释。乡镇企业家群体所做的慈善事业比比皆是，例如买世蕊在创业初期就长期义务照顾 20 多名孤寡老人和 100 多名老军人，创办“世蕊春蕾女童班”，并资助了 38 名农村留守儿童继续学业。

这种超越精神最终还体现为“生态义务”，这是在重大选择中顾全大局的

① 依据黑格尔的《精神现象学》，资本或资本的拟人化，即企业家精神的实质就在于永不满足地自我超越。

② 这种“内部交易”从文化学角度看，具有“互赠礼物”的特点，参见莫斯、列维-斯特劳斯、巴塔耶、德里达等人关于“原始社会的礼物”的社会文化学观点。

③ 这种“集体福利”制度在河南临颍县南街村更为著名和典型，故不再赘述。

“舍得精神”。如果说“慈善义务”是企业家以超越精神实现了“人与人”的和解，那么“生态义务”就是企业家以超越精神实现了“人与自然”的和解。一些地方工业快速发展的同时环境污染问题开始显现出来，新乡孟电集团负责人、新一代先进群体人物范海涛意识到企业的发展不能以牺牲生态环境为代价，毅然关停了三条立窑水泥生产线，产值顷刻化为乌有。此举也拉开了辉县市、新乡市关停小水泥厂的序幕，搬迁了 170 多家碎石场，打赢了环保攻坚战。

“互助义务—慈善义务—生态义务”，凡此种种无不体现了一种自发的“利他精神”。新乡先进群体大多为党员和村干部，其利他行为与立党为公、一心为民、无私奉献的政治要求是高度一致的。这里的“利他精神”不再是抽象的政治宣传而是企业家精神发展的特有境界，不再是外在的道德约束而是一种内在的自发行为。他们因此获得了社会性的广泛认同，具有了更强的人格魅力、社会感召力和资源动员力。就像西方企业家比尔 · 盖茨和巴菲特做公益事业、马斯克从事太空探险一样，我国优秀的乡镇企业家也在不断超越自身利益，承担更多社会责任，调动更多社会资源，追求更高人生目标中获得自我成长，进而实现更高层次的人生价值目标。①

五、社会责任的担当：外部冲击与治理模式

习近平总书记在 2014 年 11 月在亚太经合组织工商领导人峰会上说“我们全面深化改革，就要激发市场蕴藏的活力。市场活力来自于人，特别是来自于企业家，来自于企业家精神”②。如果战争年代我们依靠的是革命精神，那么深化改革时期我们就必须依靠企业家所具有的创新精神。当前，我们面临“百年未有之变局”，更要弘扬企业家精神并不断赋予其鲜活的时代内容。

习近平总书记十分注重企业家的示范作用。他在 2016 年 3 月 4 日下午参加全国政协十二届四次会议民建、工商联界委员联组会时指出，“许多民营企业家

① 按照马斯洛的需求层次论，自我成就是超越其他各种欲望的高阶目标，也是企业家的终极人生追求。

② 《激发市场蕴藏的活力》，《人民日报》（海外版），2017 年 5 月 2 日，http://paper.people.com.cn/rmrbhwb/html/2017-05/02/content-1770832.htm。

都是创业成功人士，是社会公众人物。用一句土话讲，大家都是有头有脸的人物。你们的举手投足、一言一行，对社会有很强的示范效应，要十分珍视和维护好自身社会形象。”[①] 习近平总书记于 2017 年 4 月 18 日在中央全面深化改革领导小组第三十四次会议上指出“企业家是经济活动的重要主体，要深度挖掘优秀企业家精神特质和典型案例，弘扬企业家精神，发挥企业家示范作用，造就优秀企业家队伍”[②]。

这种“示范作用”是基于对企业家的信任，又是建立在他们对社会责任的担当精神之上的。新乡先进群体不仅是企业家还是党员与基层干部，不仅创业成功还带领大家共同致富，因而具有“火车头”的牵引功能。如果没有担当精神，没有当机立断的果敢决策，也就没有令人佩服的威信和“魅力”，也就不可能产生“示范作用”。这种担当精神不仅是企业家群体，也是干部队伍中的“稀缺要素”。2018 年 5 月 20 日中共中央办公厅印发了《关于进一步激励广大干部新时代新担当新作为的意见》，倡导干部“时不我待、只争朝夕、勇立潮头的历史担当，努力改革创新、攻坚克难，不断锐意进取、担当作为”。新乡先进群体作为乡镇企业家是最高决策者，作为村干部是最基层的执行者，因此没有“转嫁责任”“推诿责任”的空间，反而成全了他们的担当精神。

不容忽视，这种对社会责任的担当精神也是企业家所特有的责无旁贷的“顶级决策”，因而将会深刻地影响企业治理模式。外部压力越大，企业内部对领导者的担当精神的依赖程度也越高。美国经济学家奈特在《风险、不确定性和利润》一书中认为，企业总是面临形形色色的各种不确定因素，企业家的职能就是识别不确定性中蕴含的机会，进而通过资源整合来把握和利用这些机会获得利润。近年来，我国和西方不少大企业的“风险决策能力”似乎在不断衰减，尤其是在股份公司治理模式下，决策权越来越分散，决策行为越来越程序化。面对外部形势变化，这种基于股权的“民主决策”有可能无法做出果断应对而陷于“温

① 《2016 年两会，总书记在团组会上 20 句新语新论》，中国共产党新闻网，http://cpc.people.com.cn/xuexi/nl/2016/0314/c385474-28197433.html。

② 《弘扬企业家担当精神，助力中小企业发展》，人民网，http://sh.people.com.cn/n2/2020/0118/c395797-33726725.html。

水煮蛙”的困境。现代公司治理模式把这种“担当精神”化解为分散的“技术责任”的同时，也以“程序合法性”消解了“担当精神”的整体决策功能与核心凝聚力的实体性价值。因此，更多的企业家首先体察的不是“赢利预期”而是“危机意识”。企业家首先是危机承受者、风险识别者和社会责任担当者，最后才是剩余索取者。因此，他们已经不再为个人为家庭的幸福奋斗，而是为企业存续与发展而奋斗。他们的担当责任也不再是“个人责任”而是一种“法人责任”和“社会责任”。

在当前“百年未有之变局”下，大宗原材料价格大幅波动，供应链与物流链出现大规模调整，生产要素也面临着重组重构的各种变动性，企业的“责任担当”必然要优先于和复杂于个体目标的“理性决策”。因此，当前迫切需要弘扬新乡先进群体的“担当精神”，将之内嵌于企业应急治理模式，以此凝聚信心、稳定预期，进而为新时代的“中国企业家精神”增添时代鲜活内容。

六、党建的制度保障：企业家精神的当代价值

综上所述，以新乡先进群体为代表的乡镇企业家内在的精神力量是西方经济学“经济人假设”“契约精神”“理性算计”“功利主义”所无法阐述和解释的谜题，只有扎根乡土大地，深入其背后的传统与习俗，剖析其地域性的内在精神，才能够得到令人满意的解读。

和西方企业的渐进式演化路径不同，豫北大地的乡镇企业家是“无中生有”的创造过程。他们在自然约束条件下养成了“坚韧”“抗争”“利他”“担当”的精神特征，呈现了典型的“红色文化”基因。这种基因具有“超功利”的强大的“政治纠偏”功能，足以克服“机会主义”“逆向选择”“团队生产”“监督悖论”等市场领域常见问题。新乡先进群体不仅是创业成功的企业家更是优秀的党员干部，他们身上所具备的精神能量是豫北大地乡镇企业发展的必要条件。尤其是在当前复杂形势下，企业家群体不仅要追求市场利益，更需要具有超越自我利益的胸怀和社会责任的担当意识，这都需要通过“企业党建”来保障。

广大企业家一方面从新乡先进群体身上汲取精神力量，另一方面也要在民营

企业中自觉加强党建，以党建来保障企业家精神底蕴的纯洁性。2020 年 12 月中央政治局会议中明确提出了“强化反垄断和防止资本无序扩张”的要求，这对于企业家承担什么样的社会责任提出了新的时代要求。为此我们应围绕新乡先进群体现象，在中西方不同学术语境中进行深化研究，彰显乡镇企业家的当代价值。

【执行编辑：杨　丽】

图书在版编目（CIP）数据

价值论研究. 2023年. 第2辑 / 孙伟平, 陈新汉主编
. -- 上海 : 上海教育出版社, 2023.12
（价值论研究）
ISBN 978-7-5720-2432-0

Ⅰ. ①价… Ⅱ. ①孙… ②陈… Ⅲ. ①价值论(哲学)
- 研究 Ⅳ. ①B018

中国国家版本馆CIP数据核字(2023)第251782号

责任编辑　储德天
封面设计　郑　艺

价值论研究（2023年第2辑）
孙伟平　陈新汉　主编

出版发行　上海教育出版社有限公司
官　　网　www.seph.com.cn
地　　址　上海市闵行区号景路159弄C座
邮　　编　201101
印　　刷　上海商务联西印刷有限公司
开　　本　700 × 1000　1/16　印张 13.75
字　　数　216 千字
版　　次　2023年12第1版
印　　次　2023年12月第1次印刷
书　　号　ISBN 978-7-5720-2432-0/G·2157
定　　价　89.90 元

如发现质量问题，读者可向本社调换　电话：021-64373213